マイクロアグレッションを吹っ飛ばせ

―やさしく学ぶ人権の話

渡辺雅之

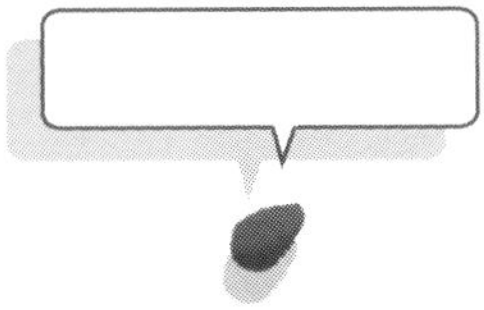

You know we’ve got to find a way
To bring some loving here today – Ya

What's Going On − Marvin Gaye − (1971)

俺たちはなんとか手立てをみつけないと、だろ
この世界に今、愛をもたらすための手立てをさ
訳　静哲人[1]

ソウルシンガー・マーヴィン ゲイによるベトナム戦争をモチーフに作られた反戦歌であり、今も多くのアーティストにカバーされているＲ＆Ｂ不朽の名曲。1971年ビルボードＲ＆Ｂチャートで１位を記録した。
邦題「愛のゆくえ」

---

(1) 大東文化大学外国語学部教授

この本を手に取っていただいたみなさんへ

この本は、自分の中にある差別意識や社会の差別構造に気づき、人権とは何か？「**どうすれば互いの違いを尊重しながら、みんなが幸せに暮らせる社会がつくれるのか**」をテーマにしたものです。言葉はシンプルですが、中身はとても深いこの問いをみなさんと一緒に考えたくて書きました。

「第1章　人権とはなんだ?!」、第2章　差別とはなにか?」、第3章　差別はなぜ生まれるのか、第4章　マイクロアグレッションを吹っ飛ばせ」という四章構成です。順番に読むのがおすすめではありますが、どこから読んでも大丈夫！　最初から読むのはおっくうだなと感じた人は興味のあるところから読んでいただいても構いません。ただ、「おわりに」と「あとがき」には必ず目を通してほしいと思っています。

そして、この本には、考えや学びを深めるために、読者のみなさんへの課題「トライ」がたくさん出てきます。「トライ」に関する私なりの答えや例示は脚注に示しておきますが、脚注を見る前にぜひ自分でトライしてみてください。

小学校の高学年くらいから人権問題に興味関心のある大人の方まで、幅広く読んでいただけるように、なるべくやさしい表現で書くことを意識しました。また学校の授業（例えば道徳科・社会科）や企業等の研修会のヒントになるような事例や解説も多く掲載しました。ご活用いただければ幸いです。

※本の中には差別表現が記されている箇所があります。しかし差別や排外主義を扇動する目的ではなく、それらに対抗するために、あえてそのまま掲載しています。

はじめに

二〇一九年一〇月。首都圏に超大型台風がきて大雨が降り、自主避難所に身を寄せようとした路上生活者を排除したというニュースが流れました。そんな時、私は近くのホームセンターに買い物に行きました。かなりの大雨なので、屋根のある二階駐車場に向かいます。入り口近くにしかない屋根スペースは、すでに満車です。ふと見ると一箇所だけ空いていたので、これ幸いとばかりにハンドルを切るとそこには車椅子のマークが……。いくら濡れるとはいえそこに止めることはできません。ため息をつきながら私はつぶやきました。

「やっぱり、日本人はマナーがいいね」

その瞬間、助手席に乗っていたパートナーがぎょっとした顔で私を見ました。しかし時すでに遅し。吐いた言葉はもう戻せません。日頃から学生や多くの教育関係者を前にして人権や道徳教育について話している私です。パートナーの呆れた視線を受けて恥ずかしさで消え入りそうでした。なぜ恥ずかしい気持ちになったか、わかりますか？　これがこの本の核心部分です。（答えは注2）

そして二〇二一年二月。森喜朗東京オリンピック組織委員会会長（当時）の女性蔑視発言が大きな問題になりました。日本オリンピック組織委員会（ＪＯＣ）の臨時評議員会で、森さんは「女性がたくさん入っている理事会は時間がかかります」などと発言しました。一連の発言とその後の謝罪会見が「女性蔑視（差別）である」と内外から批判され結局、会長職を辞任という事態に追い込まれました。これもまた私同様、口から出た言葉は戻せないという事例です。

さて、私の発言と森さんの発言には共通するところがあります。

それは日頃から心の中に潜んでいるものが口に出たということであり、口にした本人に〝**誰かを差別したり、傷つけたりする意図があるなしとは関係なく、対象になった人やグループを軽視したり侮辱するような敵対・中傷・否定のメッセージを含んでおり、それゆえに受け手の心にダメージを与える言動**〟であるということです。

（参照：金友子「マイクロアグレッション概念の射程」立命館大学生存学研究センター、堀江有里・山口真紀・大谷通高編『〈抵抗〉としてのフェミニズム』二〇一六年、所収）

このような言動を**マイクロアグレッション**と言います。マイクロ＝微細（目に見えないくらい小

（２）私の心の中に「日本人はマナーがいい＝そうでない人（外国人）はマナーが悪い」という無意識な差別意識が潜んでいたことに気づいたからです。

さな）、アグレッション＝攻撃性ですから直訳すれば「ささいな攻撃」ということになります。しかし、この攻撃による影響は決してささいなものではありません。デラルド・ウィン・スーさん（コロンビア大学・心理学）は『日常生活に埋め込まれたマイクロアグレッション』（明石書店、二〇二〇年）という本の中で、その深刻かつ有害な影響を豊富な事例をもとに、明らかにしています。

そもそも、マイクロアグレッションは私たちの日々の生活や会話の中で「ふつう」に語られることが多く、発した本人もその問題性（加害）に気づかないという特徴があります。多くの場合発している本人に悪気がないためにギャグとして受け取られ、それゆえ周囲も同調し、笑ってすませることで問題（加害）は社会の中に埋め込まれていきます。こうした問題を批判すると「いちいち、そんなに目くじらを立てることはない」「何も言えなくなっちゃう」「住みにくい世の中になった」などと反論する人が大勢います。

また、こうした言動を批判されると、その人たちがよく口にする言葉は「差別するつもりはありませんでした。誤解を招く表現で申し訳ありませんでした」です。でもそれは「誤解したあなたたち（の聞き方や理解）に問題がある」を含意（がんい）している表現です。

なにが問題なのでしょう。これらの言動の背景には、肌の色や文化、ジェンダー、民族など自分と異なる（と思っている）他者に対する無意識の偏見や蔑視が含まれており、対象にされた他者を深く傷つけるから問題なのです。そして対象にされた個人や集団を不当に扱うことが「アタリマエ」とされ、差別する空気を社会のスタンダードにしてしまうという問題なのです。

言い換えれば、世界人権宣言（第一条）にうたわれている「すべての人間は、生まれながらにして自由であり、かつ、尊厳と権利とについて平等である。人間は、理性と良心とを授けられており、互いに同胞の精神をもって行動しなければならない」という人類が苦労の末たどりついた人権の考えを否定し、**誰もが人として持っている幸せに生きる権利を奪うことにつながる**からです。

私は、二二年間中学校の教員をしていました。楽しい思い出も沢山ありますが、その反面、生徒を傷つけたり、頭ごなしに叱ったりするなど猛省を要することもありました。今振り返ると、その失敗のほとんどは「人権」というものをちゃんと理解していなかったことによるものでした。中学の時にはイジメに加担したこともあるし、高校の時は同級生に暴力をふるって停学処分になったり、大学の時はハンディキャップを持つ人の真似をして笑いをとるというとても恥ずかしいことも……。

そんな私でも今は大学で教員を目指す学生にエラソーに道徳や多文化共生に関する授業を担当し、反差別の活動をするようになりました。だけど、そこでも時々失敗して誰かに叱られます。その原因のほとんどは人権に関する理解不足であり、心の中に潜むマイクロアグレッションに無自覚なことです。

人権とは、幸せに生きるために誰もが持っている権利、「人権を守る」とはそれを保障しあうもの……そう考えればそんなに難しいはずではないのですが、そう簡単に「わかる！」とは限りません。仮に、頭でわかっていても、行動が伴わないこともあります。また何がまずいのかきちんと言語化できないこともあります。

この本では人権とはそもそも何、差別ってどういうこと、とくにマイクロアグレッションはなぜ生まれ、どうすればなくなるのか？　みなさんと問答しながら考えていきます。失敗と反省だらけの人生を送ってきた私ですが、だからこそみなさんと共にあらためて学んでいきたいと思います。

さあ、最初はベースになる人権の歴史から始めましょう。

◎目次

第3章　差別はなぜ生まれるのか

目次

装丁・細川 佳

第1章

人権とはなんだ?!

我々を分け隔てるのは、
我々の違いのせいではない。
その違いを認識し、受け入れ、
称えることができない無能さこそが、
我々を分け隔てるのである。

オードリー・ロード（詩人）
著書『Our Dead Behind Us：Poems』より

人権は英語のHuman Rightsを訳したもので日本語として昔からあったものではありません。Rightsは権利ですが、「正しさ」という意味でも使われます。そうするとHuman Rightsは「人としての正しさ」、「人として正しいこと」とも言えるでしょう。

1. 歴史を見てみよう

■人権が生まれた

奴隷とされているすべての者は、同日をもって、そして永遠に、自由の身となる。陸海軍当局を含む合衆国の行政府は、かかる人々の自由を認め、これを維持する。

リンカーン大統領の発した「奴隷解放宣言」の主要部分です。この宣言は一八六二年に出されたものですが、それ以前のアメリカではアフリカから連れてこられた黒人たちの多くは奴隷でした。奴隷として売り買いされる黒人は、人間ではなく商品（品物）として扱われていました。雇い主の家事、綿花畑などで安価な労働力として過酷な労働を強いられ、心身を踏みにじられ、人としての尊厳を奪われました。その厳しい労働のさなかにあって希望と生きる意味を唄ったのが、黒人霊歌（後にゴスペル）です。アフリカ大陸にルーツを持つそれはやがてブルース、ソウル、R&B、ジャズなどの音楽に発展していきました。現代のロックやそれに影響を受けているJ-POPなどは、それら無しに存在しなかったことでしょう。それはともあれ、奴隷制度に基づく人身売買は許し難いことであり、絶対に繰り返してはいけない歴史であることは論を待ちません。しかし、一八六二年は一六〇年前。人類の何万年に及ぶ歴史からみれば、ごく最近のことと言っていいでしょう。

二一世紀の今から見れば、人の売り買いは考えられない人権侵害です。人権の基本のキは「人は生まれながらに自由で平等であり、誰の命の尊厳も公平に扱わなければならない」ことですが、私たちは「いつ頃からどうやって」こうした考えを獲得してきたのでしょう。まずはその起源を探っていくことにしましょう。

紀元前六世紀中頃「キュロス大王の人権憲章（キュロス大王の円筒）」というものが作られました。のちにユネスコ世界遺産に登録されたこの円筒には、奴隷解放や宗教を選ぶ自由などの文言が刻まれており、これが世界初の人権宣言という説があります。

やがて、私たち人間には様々な権利があるという考え方が少しずつ広

『資本主義と奴隷制』（エリック・ウイリアムズ著、中山毅訳、ちくま学芸文庫、2020年）この本には近代資本主義の発展とともに奴隷制度が強化され制度化されていった様子が描かれています。黒人は最初から奴隷ではなく、白人たちの利益のために奴隷にされていったのです。

がりをみせていきます。古代ローマではそれが理念（自然法）として、ローマ市民の間に受け入れられるようになりました。とは言え、古代ローマは奴隷制度を有しており、人としての権利は市民限定で、今で言う人権とはかなり距離のあるものだったと思います。

私たちがイメージする人権という考え方が社会（制度的）に根付くきっかけになったのは、八〇〇年ほど前のイギリスにありました。当時、対外戦争のために人々に莫大な税金を課していた王様に反発した貴族や都市の代表者たちによって、王様の権利を制限するためつくられた大憲章（マグナ＝カルタ一二一五年）がきっかけでした。ここには議会の承認（オッケー）がなければ物事を決めてはいけないこと、市民の自由、不当な逮捕を禁止するなど、王様の権力を弱め人権に関する規定も含まれていました。この考え方はその後時間をかけながら少しずつ世の中に広まっていきます。

一七世紀の思想家ロックは「もし、政府（国家）が人々の自由や平等を踏みにじるならば、そういう政府は倒してよい（抵抗権または革命権）」と主張しました。革命とは世の中の仕組みを根本からつくり変えることですから、自由や平等が保障されない世の中ではみんなが幸せになれないから「ガラガラポンしていいよ」ってことですね。

一八世紀に入ると、教育者でもあったルソーが『社会契約論』という本の中ではっきりと「人は生まれながらにして自由で平等である」と著しました。そうした考えを元にしてフランスでは国王による絶対王政に反対する革命が起こり、有名な「フランス人権宣言」（一七八九年）が生まれます。その少し前には「アメリカ独立宣言」（一七七六年）も出されており、そこにも「すべての人間は平等につくられている。政府はそれを保障しなければならない。もしそれをしないのならば、人民にとってその安全と幸福をもたらすのに最もふさわしいと思える仕方で、新しい政府を設けることは人民の権利である」と述べられています。革命権を明確に示したものと言えるでしょう。冒頭に述べた「奴隷解放宣言」はこの独立宣言の精神を基にしたものなのです。

TRY!

この辺に興味があるけど活字が苦手な人は、池田理代子さんの漫画『ベルサイユのばら』（集英社マーガレットコミックス）を読むといいでしょう。フランス革命前期のフランス社会の様子が史実をもとにフィクションとして描かれています（アニメにもなっています）。

■立憲主義

というわけで「人は生まれながらにして、誰もが自由で平等である」というのが人権の基本となる考え方であり、人権を守るために政府（国家）があるわけです。そのために色々な法律が作られ、その大もとが（かたちは違えど）大抵の国で置かれている憲法ということになります。日本にももちろん、日本国憲法がありますね。その第九九条には次のように書かれています。

（　　）は、この憲法を尊重し擁護する義務を負ふ。

さて、この（　　）には主語としてどんな言葉がはいるでしょうか。これは私が中学校の教員だった時、公民の授業における定番の質問でした。大半の生徒は「こくみん！」と元気よく答えたものです。しかし違いますね。正解は「天皇又は摂政及び国務大臣、国会議員、裁判官その他の公務員」なんですね。ここはとても大切なところです。つまり、憲法は、国民（人々）が守らなければならない決まりではなく、権力者（昔なら王様、今なら政府）が勝手に物事を決めたり、暴走しないため、その手足を縛るために作られたものなのです。こういう考え方を**立憲主義**と言います。弁護士の楾大樹（はんどうたいき）さんは、『憲法がわかる46のお話—檻の中のライオン』（かもがわ出版、二〇一六年）という本の中で、権力者をライオンに例えて分かりやすく解説しています。ぜひ、読んでみてください。

ぼうごなつこさん（漫画家）はこの立憲主義を分かりやすい四コマ漫画にしています。

ぼうごなつこさんのツイッター掲載の漫画や著作を読んで、日本社会の情勢を考えてみよう。

『一〇〇日で崩壊する政権コロナ禍日本、安倍政権の軌跡』（扶桑社、二〇二〇年）

『一〇〇日で収束しない日本のコロナ禍』（同、二〇二一年）

ぼうごなつこさん Twitter（https://twitter.com/nasukoB）

私は王だ
よって、この国のことは私が全部決める
このような権力者のやりたい放題を防ぐのが憲法です
憲法
やりたい放題防止
特に選挙で選ばれた人たちはこのように勘違いしやすいのですが
私は国民に国を託された最高責任者だ。私が独自に憲法を解釈する
その「民意」がなぜか暴走することがあります
つまり憲法は役人や政治家の暴走を食い止めるためにあります
だから権力者が勝手に変えてしまうのを許してはいけないんです
はーい

■人権の種類

今まで見てきたように人権とは「誰もが生まれながらにして持っている人間として幸せに生きていくための権利」とも言えますが、もう少し詳しく見ていくことにしましょう。世界人権宣言（第三回国連総会で採択、一九四八年一二月一〇日）の第一条には「すべての人間は、生れながらにして自由であり、かつ、尊厳と権利とについて平等である。人間は、理性と良心とを授けられており、互いに同胞（どうほう）の精神をもって行動しなければならない」と書いてあります。このことについて、「人権啓発パンフレット・世界人権宣言七〇周年（法務省人権擁護局・全国人権擁護委員連合会）」には以下のように記載されています。

二〇世紀に起きた二つの世界大戦では、多くの人命が奪われ、人権が踏みにじられるような出来事も多く発生しました。こうした悲劇を二度と繰り返してはならないという反省から、一九四五（昭和二〇）年、国際連合（国連）が設立されました。また、人権を守ることは世界平和にもつながるという考えから、一九四八（昭和二三）年一二月一〇日、第三回国連総会で世界人権宣言が採択されました。世界人権宣言は、全世界に通用する基本的人権尊重の原則が定められており、世界各国の憲法や法律にも取り入れられています。また、世界人権宣言をもとに多くの人権条約が制定されています。

世界人権宣言は戦争の反省から生まれ、「**人権を守ることは世界平和にもつながること**」が根本の精神となっているわけですね。では、その守らなければいけない人権とは具体的にどんなものがあるのでしょうか。世界人権宣言では、心身の自由・平等、差別の禁止、拷問や残虐な扱いの禁止、裁判を受ける権利、プライバシーの保護、思想・信条・宗教の自由、社会保障を受ける権利など三〇の項目が示されています。これらは、中学や高校の社会科で学んだ（はずの）内容ですが、日本国憲法（国内法）と日本社会の現実に照らし合わせながら、あらためて人権の中身について振り返ってみましょう。

TRY!

人権啓発パンフレット「世界人権宣言七〇周年」を読んでみよう。
http://www.moj.go.jp/content/001271449.pdf

人権の中身は？

「基本的人権の尊重」
「日本国憲法の三原則」＊
という言葉を聞いたことありませんか？
「基本的人権」は生まれながら誰もが持つ権利であり憲法第11条では
「侵すことのできない永遠の権利」
として国民に与えられると宣言されています
具体的にはどんなものでしょう？
・「平等権」
・「自由権」
・「社会権」
・「基本的人権を守るための権利」

＊日本国憲法の三原則　①国民主権　②基本的人権の尊重　③平和主義

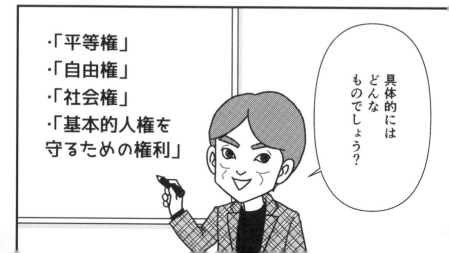

「平等権」とは
人は生まれながらにしてみんな平等であり
生まれや性別社会的な身分考え方などで差別されず
基本的人権を守るための権利
社会権
自由権
平等権
誰もが個人として人間らしく生きるためにあります
「自由権」とは
自由に考えたり発言したり学んだり
選んだ宗教を信じたり
自分の選んだ人と暮らしたり結婚したり
精神の自由
仕事や住む場所を決められたり
経済活動の自由
自分の身体のことは自分で決められる・・などの
身体の自由
My Body
My Coice
自由に生きるための権利です＊

＊ただし、結婚などには年齢の制限があったりします。また、自由だから「何をしてもいい」ということにはなりません。他の人の人権をないがしろにしたり、傷つけたりすることはＮＧ。

「社会権」とは

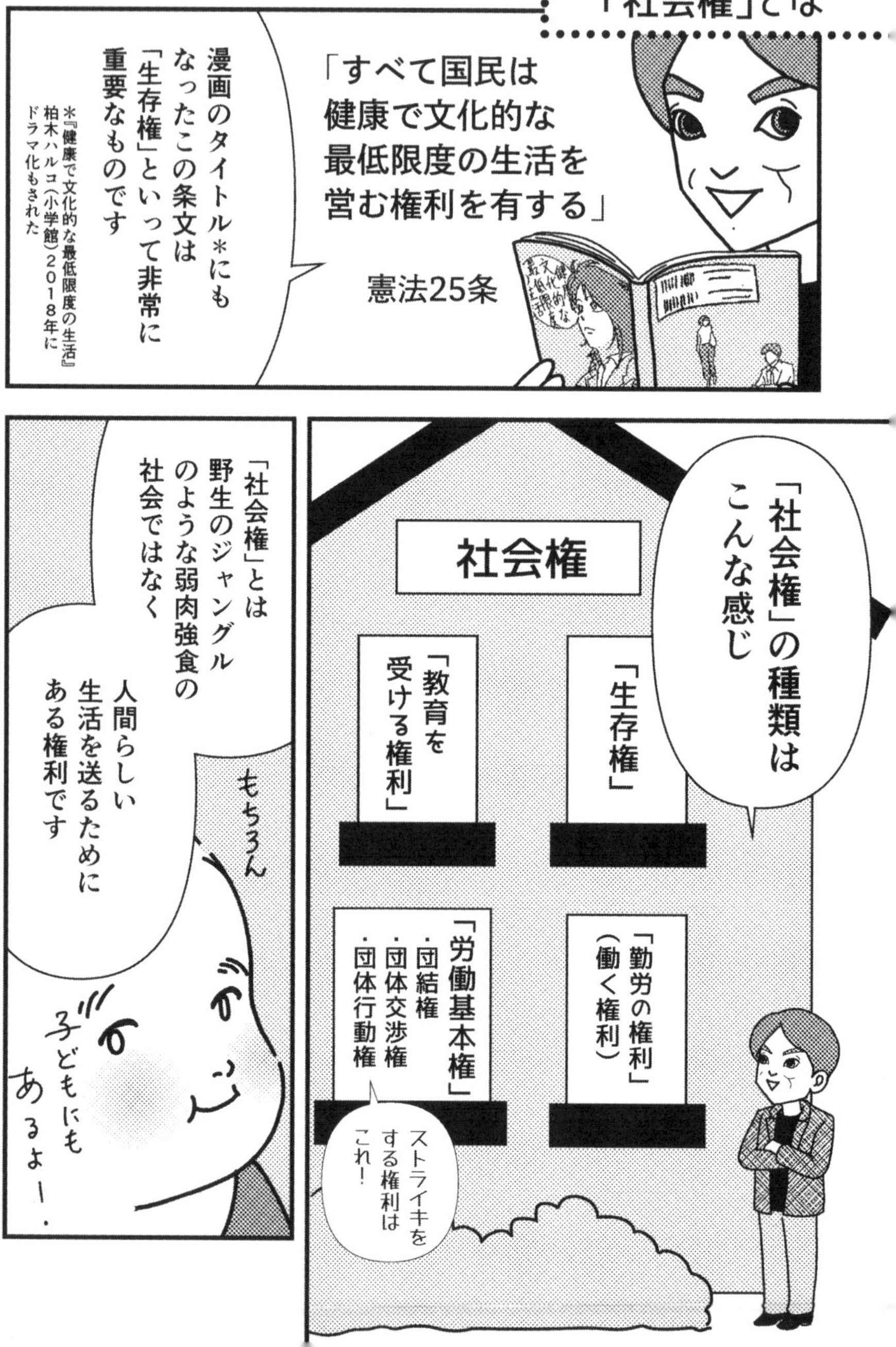
「すべて国民は健康で文化的な最低限度の生活を営む権利を有する」
憲法25条
漫画のタイトル*にもなったこの条文は「生存権」といって非常に重要なものです
*『健康で文化的な最低限度の生活』柏木ハルコ（小学館）2018年にドラマ化もされた
「社会権」の種類はこんな感じ
社会権
「生存権」
「教育を受ける権利」
「勤労の権利（働く権利）」
「労働基本権」
・団結権
・団体交渉権
・団体行動権
ストライキをする権利はこれ！
「社会権」とは野生のジャングルのような弱肉強食の社会ではなく
人間らしい生活を送るためにある権利です
もちろん
子どもにもあるよー・

そのために国の社会的保障制度があるのですが
生活保護
年金
公的介護サービス
これらの制度を誤解・曲解している人がいます
たとえば生活保護の受給を責める社会の空気・・・
自己責任!
働かないで楽してズルい!
「生活保護バッシング」
恥
不正受給!
国や役所の制度や対応がバッシングを後押しするようなっていることも大きな問題です
HOGO NAMEN
SHAT
小田原市職員が「保護なめるな」のロゴ入り服を着て受給者世帯を訪問。「小田原ジャンパー事件」参照
権利に対して無知である事は必要な時に自分の権利を受けられないだけでなく
他者の権利を脅かすことにもなります

「基本的人権を守るための権利」とは

「選挙で負けたんだから文句をいったらいけない」
多数決で負けたら言うこときかなきゃ！
「わがままだ！」「民主主義に反する！」
という人がいますが大きな間違いです
え!?
選挙以外にも政治に参加する権利があるのです
「基本的人権を守るための権利」
参政権 国民が政治に参加する権利（選挙権・被選挙権・国民審査）
請願権 国や地方公共団体（役所など）の政治についてしてほしい・ほしくないことを要求する権利
請求権 基本的人権が侵害された時に救済をもとめる権利
今ある政治にこうしてほしいと要求したりこれはしてほしくないと抗議したりなど
再稼働反対
NO WAR
NO HATE
○○政権は辞めろ
Living together
ホントだ…
日本国憲法
みなさんが積極的に政治参加していくことはむしろ暮らしやすい社会を作る営みであり大切なことなんですね！

「人権と公共の福祉」について
権利は時に衝突することがあります
タバコが吸いたい
衝突
タバコが苦手
それを調整するために「公共の福祉」という考え方が生まれました
ルールを作って調整
これは社会全体の共通の利益(みんなの幸せ)のために少しずつ法律や条例で調整しますということです
ただし「多数のために個人が犠牲になること」ではありません
分煙も禁止ねー
今ここにはタバコ吸わない人が多いから
とはならない。
あくまですべての人の人権がバランスよく保障されるためにあるのが「公共の福祉」です＊

＊（参考）法学館憲法研究所　https://www.jicl.jp/articles/chuukou_09.html（2023.3.3 アクセス）

＊「表現の自由」はとても重要ですが、差別言動のような他者の人権を侵害するものはダメ。

さて私たちが暮らす社会では「命令する人」と「それに従う人」のような力関係が生まれます
雇用主と労働者
上司と部下
先生と生徒など
命令する人が持つ力を「権力」といいます
乱用されると弱い立場の人が不当に扱われることが起こってしまいます
おまえ気に入らないからタイホ!
えーっ
ガチャン
そうならないように「人権」という考え方が生まれました
「人権」は人々が歴史の中で個人(非権力)であっても人間らしく生きるために生まれてきたものなのです
「人権」と関係ない人はこの世にひとりもいません※違いを尊重しあい私たちの力で守りながら育てていきましょう
※死者にも人権は保障されなければなりません

人権について私たちが学ぶことは「自分自身や大切な人を守ること」にとどまらず、「誰もが人として守られる・尊重される社会」をつくることにつながるのですね。このことに関連して、キング牧師（アメリカの公民権運動指導者、黒人牧師、ノーベル平和賞受賞者、一九二九〜一九六八）は、次のような言葉を残しています。

「どこにおける不正であっても、あらゆるところの公正への脅威（きょうい）となる」

TRY!

どういう意味か？　この言葉を自分なりに言い換えてみましょう。(3)

■人権という旅

ところが、法律や憲法に書いてあるから宣言されたから、人々の人権が守られてきたか?!　と言えば、残念ながらそれはノーです。アメリカ独立宣言は当時としては先進的なものでしたが、そこに記されている「すべての人間は平等につくられている」の「すべて」には（その後の歴史を見れば）アフリカ系アメリカ人や、インディアンと呼ばれた先住民族は含まれていません。

(3) 小さな不正から大きな不正が生まれる／小さな不正を見逃すとやがて社会全体が壊れてしまう／起きている不正を自分とは関係のないと見逃してはいけない……色々な角度から言い換えてみましょう。

TRY!
『私には夢がある　M・L・キング説教・講演集』（M•L•キング著、C•カーソン他編、梶原寿監訳、新教出版社、2003年）を読んでみよう。

アメリカで公民権運動(4)を主導したマルチン・ルーサー・キング牧師の「I Have a Dream」という有名な演説はご存知でしょうか。一九六三年八月二八日、職と自由を求めた「ワシントン大行進」の一環として二五万人近い人々がワシントンDCに集まりました。キング牧師は「正義が水のように流れ、やがて大河になるまで私たちは歩みを止めない」と述べました。そしてあの有名な「I Have a Dream」のフレーズに続きます。

> 私には夢がある。それは、いつの日か、この国が立ち上がり、「すべての人間は平等に作られている、それは自明の真実である」という信条を、真の意味で実現させるという夢である。
> 私には夢がある。それは、いつの日か、ジョージアの赤土の丘の上で、かつての奴隷の息子たちとかつての奴隷主の息子たちが、兄弟として仲良く同じテーブルにつくという夢である。（中略）私には夢がある。それは、いつの日か、私の4人の幼い子どもたちが、肌の色によってではなく、人格そのものによって評価される国に住むという夢である。
> 今日、私には夢がある。

邪悪な人種差別主義者や差別に加担する州知事のいるアラバマ州でさえも、いつの日か、黒人の少年少女が白人の少年少女と兄弟姉妹として手をつなげるようになる夢だ。そして自由の鐘を打ち鳴らそう。（筆者訳）

このスピーチ、何度見ても涙があふれてきます。果たしてキング牧師の夢は実現したのでしょうか。今のアメリカ社会の現状からみれば残念ながら、その答えはノーですね。また差別はアフリカ系アメリカ人に限ったことだけではありません。アメリカに限らず世界的に見れば子どもや女性への人権侵害も日常的でした。それらの権利を保障しようという動きが起きたのはずっと後のことです。そもそも子どもの権利なんて考え方自体が一〇〇年前にはなかったともいえます。

つまり**人権をつくる旅、守る旅、定着させる旅はまだまだ始まったばかり**。私たちは困難であっても、力を合わせてこの道のりを行かねばなりません。そのためにも今何が起きているのか、次の章から探っていくことにしましょう。

キング牧師の演説全文を見てみよう。

https://www.huffingtonpost.jp/2013/08/25/martin_luther_king_n_3811698.html

（4）主にアフリカ系アメリカ人の自由と平等を求めた運動の総称。

最後に、この章で説明してきた人権の歴史に関する主な出来事を簡単な年表としてまとめておきます。

「人権に関する歴史年表」

1215年	イギリス「大憲章（マグナカルタ）」
1688年	イギリス　名誉革命
1690年	ロック「市民政府二論」
1762年	ルソー「社会契約論」
1776年	アメリカ独立宣言
1789年	フランス人権宣言
1947年	日本国憲法
1948年	世界人権宣言
1969年	人種差別撤廃条約
1979年	（A）差別撤廃条約
1989年	（B）の権利条約
1994年	（C）性と生殖に関する健康・権利（リプロダクティブ・ヘルス／ライツ）

（筆者作成）

ABには何が入るでしょう。[5]

Cを人類最後の人権と呼ぶ人もいます。なぜ最後の人権と呼ばれているのか考えてみましょう。[6]

2. 今何が起きているか

■BLMとヘイトスピーチ

二〇二〇年のアメリカではアフリカ系アメリカ人のジョージ・フロイドさんが警察官の暴行で死

亡したことを契機にＢＬＭ—black lives matter と呼ばれる社会運動が起き、四年間続いたトランプ政権が倒れる大きな要因になりました。日本語では「黒人の命を大切に」「黒人の命も大切に」と訳されることが多いですが、私は「黒人の命をないがしろにするな（モーリー・ロバートソン＠gimorley)」が、運動全体の文脈から言うとしっくりきます。

第六二回グラミー賞（二〇二〇年）で合計五部門を受賞した人気シンガーのビリー・アイリッシュは「今は何百年もわたって続いてきた、黒人に対する迫害をどうにかしないといけない時。#BlackLivesMatter っていうスローガンは、黒人以外の命は大切ではないっていうことじゃない。この社会が、明らかに黒人の命は大切にしてないってことに注目するためのものなんだよ！」と訴えています。失われた尊い命は戻りませんが、ＢＬＭはアメリカ社会に連綿と続く黒人差別の問題を新たに問い直すことになったのです。

一方、日本では二〇一三年ごろから特定の民族を差別する「ヘイトスピーチ（差別煽動表現）」、排斥や差別を撒き散らす「ヘイトデモ」が頻繁に行われるようになり社会問題となっています（ここでは便宜上分けて書きましたが、ヘイトデモとヘイトスピーチは不可分です）。さて、その後二〇一六

（５）Ａ女子、Ｂ子ども

（６）長年、性教育に取り組んできた山本直英さん（〝人間と性〟教育研究協議会）は、『セクシュアル・ライツ　人類最後の人権』（明石書店、一九九七年）という本を上梓しています。人間のセクシュアリティ（性的指向）は、人間の根本的な尊厳すなわち人権の基本となるはずなのに、近年になるまで社会で議論されることはほとんどなかったのです。

概要と経過

- 2002年　日韓W杯～2004年「冬ソナ」ブーム
- 2005年『マンガ嫌韓流』発売　90万部のベストセラー
- 2007年　在日特権を許さない市民の会(在特会)結成
- 2009年4月いわゆる「カルデロン一家追放デモ」
  「不法滞在者を即時追放せよ」「犯罪外国人を擁護する左翼やマスコミは出て行け」
  「カルデロン一家を叩き出せ」とシュプレヒコールをあげ、日章旗を担いで市内を行進
- 2009年12月　在特会による京都朝鮮学校襲撃
- 2010年4月　徳島県教組襲撃事件
- 2012年11月　新大久保を標的にしたヘイトデモ　ヘイトデモの激化(お散歩)
- ※Kぽぺんの抗議
- 2013年2月「レイシストをしばき隊」～「プラカ隊」　※大規模カウンター
- 同　9月　差別撤廃東京大行進(ワシントン大行進50周年)
- 同　「現代用語の基礎知識」選　ユーキャン 新語・流行語大賞に選出
- 2016年　本邦外出身者に対する不当な差別的言動の解消に向けた取組の推進に関する法律
- 2017年～大阪、東京、川崎などで規制条例・・・

今　なお続くネット上のHS+政治活動の名を借りたHS+嫌韓報道+歴史修正主義-言論表現の委縮

2020年　東京都知事選 桜井誠(元在特会会長,日本第一党)　約17万8000票

表面化 → 過激化 → 抗議の声 → 社会問題化 → 今なお

筆者作成「第７回　反ヘイトスピーチ基礎講座オンライン資料、2020・7・23」
主催　株式会社 銀座 No! Hate 小店（HP　https://ginza797.com）

年には「ヘイトスピーチ解消法」が施行されましたが、それからも路上やインターネット上でヘイトスピーチが絶えませんし、中には選挙運動・政治活動を装った悪質なものも存在します。

上の表はその経緯をまとめたものです。

TRY!

法務省ＨＰ「ヘイトスピーチ、許さない」を見てみよう。
https://www.moj.go.jp/JINKEN/jinken04_00108.html

■コロナ差別

また、二〇二〇年から起きている、COVID-19（新型コロナウイルス）に関する差別も深刻です。二〇二〇年の一月（新型コロナが日本列島に蔓延する前にもかかわらず）には、新型肺炎を理由に「中国人

は入店禁止」という張り紙を貼った箱根の駄菓子店、同年三月には福島の郡山女子大で七〇代の教員が感染したことを巡り、大学関係者への嫌がらせや不当な扱いがありました。同大学の関口学長は記者会見で、部活で通学した郡山女子大附属高校の生徒が「コロナ、コロナ」などと指をさされたため、同校は三月末まで制服通学を中止。教職員の子どもが保育所への預かりを拒否されたり、会社勤めの配偶者が出勤停止させられたケースもあったと説明しました。高校では数十件、電話では一〇〇件以上のハラスメントがあったとのことです（朝日新聞デジタル二〇二〇年三月二六日）。

その後もガイドラインに沿って営業している各種店舗に、嫌がらせ（誹謗中傷）をする「自粛警察」と呼ばれるような行為も後を断ちません。これらの動きは海外でも例外ではなく、後に詳しく述べますがアメリカ各地でアジア人を標的にした暴力事件も多発しています。

コロナ禍の中でもとくに見過ごせなかったのが、埼玉県さいたま市が備蓄マスクの配布対象から朝鮮学校幼稚部を除外したことでした。その情報を聞き、朝鮮学校関係者、筆者も共同代表を務める「誰もが共に生きる埼玉県を目指し、埼玉朝鮮学校への補助金支給を求める有志の会（以後・有志の会）」らが直ちに抗議しました。関係部局は埼玉県子ども未来局でしたが、その時に私は「子ども未来局というのは、〝こども　ただし日本国籍の子どもに限る〟未来局ではないでしょう。どんなルーツであってもさいたま市で生まれ、そこで育ち暮らす子どもは、例外なく未来を保証すべきでしょう。みなさんの所属する子ども未来局の看板はそういう意味でなければならないはずです」と強く訴えました。結果として市当局は配布除外を撤回しましたが、「朝鮮学校にマスクを配布すると転売される恐れがある」と言った市職員の発言も含め、この件は関係者や子どもたちに大きな心の傷を残すことになりました。

ここで質問です。私たちは朝鮮学校幼稚部にマスクを配布しないのは「行政によるヘイトスピーチ（差別煽動表現）＝官製ヘイトである」と批判しました。その理由としてあげたのは次のどれだと思いますか。

A　朝鮮半島にルーツを持つ人には、マスクはあげなくていいんだ（差別してもいい）という社会的な空気を作り出すから

B　「支給すると転売の恐れがある」というのは、朝鮮人を「悪い人たち」とひとくくりにする偏見に基づく差別意識があるから

C　「差別する意図はなかった。たまたま市が指導管轄する施設ではなかっただけ」という理由は、私立幼稚園など県が監督する施設も配布先にしていたことから矛盾しており、最初から「朝鮮学校の子どもたちは目に入っていなかった（除外されていた）」と思われるから。

答え：意地悪でしたね。実は全部正解です。

さいたま市　朝鮮学校へのマスク不支給
謝罪と配布求める　市民団体が要請

（『赤旗』二〇二〇年三月一四日掲載）

新型コロナウイルスの感染対策で、市内の子ども関連施設に備蓄マスクを配布しているさいたま市が、埼玉朝鮮初級中級学校の幼稚部を対象から外した問題で一三日、「誰もが共に生きる埼玉県を目指し、埼玉朝鮮学校への補助金支給を求める有志の会」は市に、謝罪とマスク配布をするよう申し入れました。

共同代表の渡辺雅之・大東文化大学教授らは、市職員が同学校側に「転売の恐れがある」との趣旨の発言をしたことから、ＳＮＳなどでヘイトスピーチが大量に拡散されていると指摘。「配布除外の措置そのものが、ヘイトスピーチ拡大につながる危険がある」と話しました。

市子ども未来局・幼児未来部の佐野篤資部長は「正しい表現でないことを言ったというのは、気をつけなければいけない」「ヘイトスピーチ拡散は許されない」と述べました。

渡辺氏は「子ども未来局は〝子ども（日本国籍に限る）未来局〟ではないと思う。どんな子どもでも、未来を保障してほしい」と訴えました。

そして、釈明（謝罪）の一環として述べられた「正しい表現でないことを言ったというのは、気をつけなければならない」という担当者の発言の中に、この問題の根深い問題が表れています。問題の本質は表現（言葉の問題）ではありません。

日本赤十字社はCOVID-19がもたらした問題について、「新型コロナウイルスの３つの顔を知ろう！〜負のスパイラルを断ち切るために〜」という記事をＨＰに掲載しました。新型コロナウイル

3つの“感染症”はどうつながっているの？

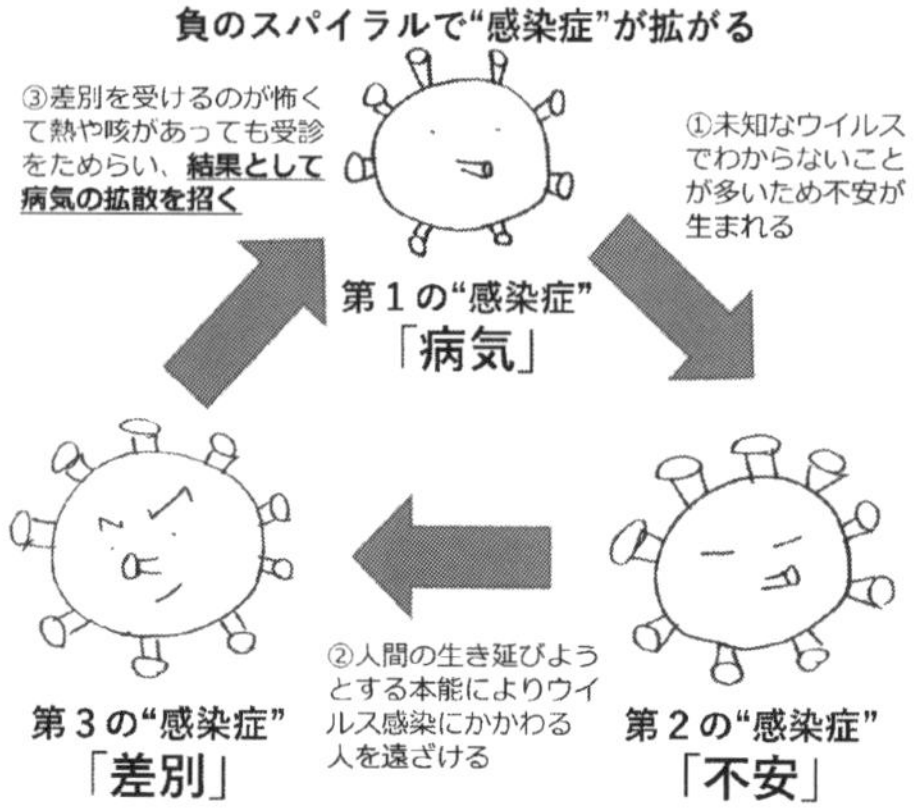

負のスパイラルで“感染症”が拡がる
第１の“感染症”
「病気」
①未知なウイルスでわからないことが多いため不安が生まれる
第２の“感染症”
「不安」
②人間の生き延びようとする本能によりウイルス感染にかかわる人を遠ざける
第３の“感染症”
「差別」
③差別を受けるのが怖くて熱や咳があっても受診をためらい、**結果として病気の拡散を招く**

この“感染症”の怖さは、病気が不安を呼び、不安が差別を生み、差別が更なる病気の拡散につながることです。

（日本赤十字社ＨＰより）

スは三つの感染症という顔があると書かれています。第一の感染症は「病気そのもの」、第二の感染症は「不安と恐れ」としていますが最後の三つ目はなんだと思いますか。

答え：第三の感染症は嫌悪・偏見・差別です。「不安や恐れは人間の生き延びようとする本能を刺激します。そして、ウイルス感染に関わる人や対象を日常生活から遠ざけたり、差別するなど、人と人との信頼関係や社会のつながりが壊されてしまいます」（本文より）。

問題の本質はここにありました。ある意味、新型コロナウイルス感染症は私たちの社会に潜んでいた差別や偏見という構造的な問題を新たに浮かび上がらせたとも言えるでしょう。

TRY!

日本赤十字社ＨＰ「新型コロナウイルスの3つの顔を知ろう！〜負のスパイラルを断ち切るために〜」を読んでみよう。（https://www.jrc.or.jp/saigai/news/200326_006124.html）

■ジェンダーギャップ

「はじめに」で書いた森発言に見られるような女性蔑視・差別も根深いものです。世界経済フォーラム（WEF）が国別に男女格差を数値化した「ジェンダーギャップ指数二〇二一」を発表しました。これは社会における男性と女性の格差を様々な面から比較したものですが、日本は調査対象となった世界一五六カ国中一二〇位という順位でした。とくに経済と政治の分野のスコア（指数）が著しく低く、二分野が共に一〇〇位以下になっています。ちなみに経済は一一七位（前年は一一五位）、政治は一四七位（前年は一四四位）という結果です。日本の場合、医療分野を除いて、社会で

順位	国　名	指数
1	アイスランド	0.892
2	フィンランド	0.861
3	ノルウェー	0.849
4	ニュージーランド	0.84
5	スウェーデン	0.823
6	ナミビア	0.809
7	ルワンダ	0.805
8	リトアニア	0.804
9	アイルランド	0.8
10	スイス	0.798
～		
16	フランス	0.784
23	イギリス	0.775
24	カナダ	0.772
30	アメリカ	0.763
63	イタリア	0.724
102	韓国	0.687
107	中国	0.682
120	**日本**	**0.656**
～		
156	アフガニスタン	0.444

「Global Gender Gap Report 2021」より筆者作成
※指数は最大値が１で、最小値が０。数値が大きいほど良好で、男女の格差が少ない

働く女性の地位や収入が低く、とりわけ政治分野においては女性の割合が極めて低いことが常態化しています。

ちなみにジェンダーとは、生まれた時の性別（生物学的性）ではなく、社会的文化的につくられる性（差）のことを指します（社会的性）。たとえば「料理などの家事は女のやること」「男は外で仕事」「男は泣き言なんか言わない」「女はめそめそしている」などは明らかに社会によって作られたゆがみのある価値観に基づく「性差」と言えます。

企業の女性活躍やD＆I（ダイバーシティ＆インクルージョン）推進コンサルタントとして活躍中の天野妙さんはインタビュー「ジェンダーギャップ指数、一二〇位という日本の順位を見て何を感じますか」に答えて、「もし自分の周囲を見回して、ジェンダー平等がもう達成されていると感じているならば、それは自分と現実社会との距離が銀河系と地球ぐらい離れていると思った方がいいかもしれないですね。企業と仕事をしていると、経営者層の男性たちからは『気絶級』の発言が次々出てきますから。それがこのジェンダーギャップ指数という数字に現れていると思います」と述べています。(7)

元最高裁判事の桜井龍子さんはインタビューの中で「女性自身が意識を変えるためには」と問われ次のように答えています。

一つ一つの小さな差別に気づくことが大切です。たとえば「男勝り」という言葉。私もよく若いころ、男性上司にこう言われると、「そんなふうに認められたのか」と喜んだものです。でも、よく考えてみると、男性が上位にあって女性は下位という構図を前提にした言葉です。下位の女性にもかかわらず、上位の男性をしのぐほど仕事ができるという意味です。こうした差別的なニュアンスを持つ言葉や考え方、制度は、気付かないうちに差別社会の構造の一つになっていて、別の差別を再生産します。（「日本のジェンダー平等へ『一つ一つの小さな差別への気付きが大切』」〈東京新聞 Tokyo Web　二〇二一年三月五日〉）

他にジェンダーに関する問題にはどんな事例があるか考えてみよう。(8)

この他にも人権をめぐる問題は数えきれないほどあります。英語講師になることを夢見て来日したスリランカ人女性のラスナヤケ・リヤナゲ・ウィシュマ・サンダマリさんが、名古屋出入国在留

（7）HUFFPOST ジェンダーギャップ指数二〇二一、日本は一二〇位　G7最下位は変わらず低迷 https://www.huffingtonpost.jp/entry/story_jp_6062cdc4c5b65d1c2818ac86（二〇二一年八月一五日アクセス）

（8）大相撲の土俵に女性を上げないとか、学校における名簿が男女別になっている場合（それ自体が問題ですが）、一〇〇%男子が先になっていませんか。そういう例はみなさんの身近にたくさんあるのではないでしょうか。シングルマザーの家庭の子どもの貧困率が先進国の中でも圧倒的に高いことなども、女性の社会的・経済的地位が低く留め置かれている影響でしょう。

管理局の収容施設で亡くなった事件（二〇二一年）は入管難民法の非人道性が原因でした。外国人技能実習制度の下、働く外国人に対しても長時間労働や低賃金そして雇用主による人権侵害が度々報告されています。

読んでみよう。

安田浩一『ルポ　差別と貧困の外国人労働者』（光文社新書、二〇一〇年）

安田浩一『団地と移民―課題最先端「空間」の闘い』（KADOKAWA、二〇一九年）

世界に目を向ければ、中国のウイグル族、ミャンマーのロヒンギャ難民（ベンガル系ムスリム）、中東のクルド人など少数民族（エスニックマイノリティ）への差別・弾圧――人権侵害も極めて深刻な状況です。ここには、様々な要因そして構造的な問題が潜んでいますが、どうしてこのようなことがあとを絶たないのでしょうか。それを読み解くために、そもそも差別とはなんなのかを次の章で考えてみましょう。

第2章

差別とはなにか？

“レイシストにならないこと”では不十分なんだ、
僕たちは“反レイシスト”にならなくては。
社会が動いて初めて、変革がもたらされる。

歌手ハリー・スタイルズ（ワン・ダイレクション）
2020年 Instagramより

差別とは何かと問われたらみなさんはどんな風に答えますか。結論から言うと、特定のグループに属する人たちを不当に扱う行為の総称です。どういうことか具体的に見ていくことにしましょう。

1. 公平性と平等

黒人差別が日常的であった時のアメリカでは、次のような看板（A）が掲げられている場所がたくさんありました。

バス座席や公園のベンチにも同様の標記がありました。黒人に対して「座るな」「出ていけ」というそれらは、明らかな差別です。肌の色やルーツなどを理由に人を不当に扱ってはいけないのですから典型的な差別事例ですね。河野哲也さん（立教大学教授）は、正義とは「各人が各人にふさわしいものを得ること」と述べています（『道徳を問い直す―リベラリズムと教育のゆくえ―』ちくま新書、五〇頁、二〇一一年）。そして社会における正義は、等しいものを等しく扱うという意味で公平性や平等性が基本になり、公平性とは「自己と他者を同格の存在として等しく扱うこと」と主張します。ところが、差別が日常化している社会では「不正義」がスタンダード（標準・普通）になってしまいます。

（A）

THIS DOOR
WHITE ONLY
COLORED IN REAR
（この入り口は白人専用）
（黒人〈有色人種〉は裏口へ）

（B）

GO BACK TO AFRICA NEGROES

（黒人はアフリカに帰れ）

このようなプラカード（B）を掲げて行進する人々もいました。これもひどい人権侵害ですが、日本でも同様のこと（ヘイトスピーチ）「●●人は国に帰れ」が行われています。

差別は私たちの社会の根幹になければならない公平性（フェアネス—fairness）を壊すものという大前提をまず押さえておきたいと思います。

ヘイトスピーチが激化していた二〇一四年に私は『いじめ・レイシズムを乗り越える「道徳」教育』（高文研）を上梓して問題点を詳しく書きました。ぜひ、読んでいただければと思います。

TRY!

さらにヘイトスピーチについて詳しく知りたい人はぜひ次の漫画を読んで見てください。QRコードから閲覧することができます。「のりこえねっと—ヘイトスピーチとレイシズムを乗り越える国際ネットワーク」（https://norikoenet.jp/hatespeech/do_you_know_hatespeech/）

2. 路上生活者の排除

次に「はじめに」でふれた路上生活者を避難所から排除したというニュースについて、深堀りしていきたいと思います。日本経済新聞は次のように報じています（二〇一九年一〇月一三日）。

台風一九号が首都圏を直撃した一二日、東京都台東区が、自主避難所に身を寄せようとした路上生活者（ホームレス）の二人に対し、「区民を対象としており、それ以外の人は受け入れられない」として利用を断っていたことが一三日、わかった。

区によると、区が開設した自主避難所の区立忍岡小学校に避難しようとしていた二人に住所や名前を書くよう促したところ、二人は「住所がない」と話した。対応した職員が災害対策本部に問い合わせをした上で、利用できないことを伝えたと言う。区広報課は「住所不定の方の避難所と言う観点がなく、援助から漏れてしまったのは事実。今後、対応を検討したい」としている。

ホームレスの支援団体「あじいる」の中村光男さんは一二日、自主避難所の利用を断られた男性の話を上野公園周辺で聞いた。「ホームレスの人たちは、行政は手を差し伸べてくれないと感じている。首都直下地震が懸念される中、どう支援するか考えてほしい」と訴えた。

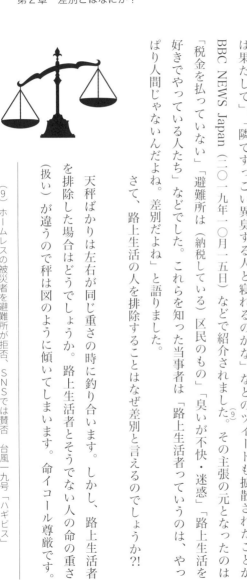

このニュースが報じられると、区役所の対応に関してSNSを中心に「これが、東京でオリンピックをする国なのでしょうか?」「外国人から最低の国だと思われるだろう」など多くの批判が寄せられました。しかし、一方、そうではない意見もあり、「くさくて・精神疾患のあるホームレスの人たちには別の避難所を用意するべきだ」という声や「権利を主張するなら義務は果たして」、「隣ですっごい異臭する人と寝れるのかな」などのツイートも拡散されたことがBBC NEWS Japan（二〇一九年一〇月一五日）などで紹介されました。[9] その主張の元となったのは「税金を払っていない」「避難所は（納税している）区民のもの」「臭いが不快・迷惑」「路上生活を好きでやっている人たち」などでした。これらを知った当事者は「路上生活者っていうのは、やっぱり人間じゃないんだよね。差別だよね」と語りました。

さて、路上生活の人を排除することはなぜ差別と言えるのでしょうか?!

天秤ばかりは左右が同じ重さの時に釣り合います。しかし、路上生活者を排除した場合はどうでしょうか。路上生活者とそうでない人の命の重さ（扱い）が違うので秤は図のように傾いてしまいます。命イコール尊厳です。

（9）ホームレスの被災者を避難所が拒否、ＳＮＳでは賛否　台風一九号「ハギビス」

つまり命（尊厳）の重さを、人によって変えているから差別と言えるのです。

「避難所は（納税している）区民のもの」という主張は、そもそも命の重さを区民であるかどうか、または納税額の多寡ではかって差別しているわけです。貧困問題に詳しい稲葉剛（立教大大学院特任准教授）さんは、「税金を払っていないから災害時に命を守らなくてもいいというのは自己責任論の極みであり、優生思想につながるような危険な発想だ。全ての人の命と安全を守るというのが国や自治体の役割であり、行政の責務だ」と厳しく批判しています(10)（JIJI.COM　ホームレスは、なぜ避難所に入れなかったのか〜問われる防災行政）。

また、ここにはもう一つ重大な問題が隠れています。第3章で詳しく触れますが、その問題とは偏見やデマ・一方的なものの見方が潜んでいることです。差別問題を考える上で非常に重要な視点と言えるでしょう。

・「税金を払っていない」↓ものを買えば消費税は払っています。
・「臭いが不快・迷惑」↓セルフケアができない状態に陥っていたり、体質でそういう人もいるかもしれないが路上生活者全員がそういうわけではない。ちなみに私が関わっている埼玉県川口市の夜回り活動の支援現場では「臭いが不快」な人には出会ったことはない。もしいたとしたらむしろそういう人ほど行政的（保健）ケアが必要である。
・「路上生活を好きでやっている人たち」↓少なくとも私は、他に選択肢を奪われたやむを得ない事情の人にしか会ったことはありません。稲葉さんは「選択肢がない中で路上で暮らさざるを得ない人がほとんどだ。好きでやっているのだとしても、路上生活を続けることは緩慢な自殺に近い。健康状態が悪化しやすく、医療も食事も十分ではない。自殺対策と同様、好きで死んでいるからいいということにはならない。支援のアプローチをしていくべきだ」と述べています。深く同意します。

そして「権利を主張するなら義務は果たして」という一見もっともらしく聞こえる意見こそが、人権に関する基本的な理解が欠如あるいは誤解しているものと言えるでしょう。そもそも日本国憲法第二五条（第一項）には「すべて国民は、健康で文化的な最低限度の生活を営む権利を有する」と記されています。すべては文字通りすべてであり、そこに付帯条件はありません。**権利は義務とセットでもバーター（交換条件）でもない**のです[11]。権利は権利としてすべての人に付与されているもの。憲法二五条が生存権と位置付けられているのはそういう意味を含んでいます。むしろ、「国は、すべての生活部面について、社会福祉、社会保障及び公衆衛生の向上及び増進に努めなければならない」と二五条第二項にあるように義務があるのは国や自治体なのです。

（10）https://www.jiji.com/sp/v4?id=201911homeless0005（二〇二一年三月二日アクセス。閲覧には無料の会員登録が必要）

（11）ここでは「義務を一切果たさなくてもいい」と主張しているわけではありません。当然のことながら、人としての義務は社会的かつ倫理的な文脈でそれぞれに追及されるべきものでしょう。

3．差別問題を考えるための六つのポイント

さきほど差別とは、特定のグループに属する人たちを不当に扱う行為の総称と定義しましたが、もう少し掘り下げていきましょう。私は差別問題を考える時に六つのポイントがあると思っています。

ポイント① 差別は常に合理化を伴う
ポイント② 力の強い方（多数）から弱い方（少数）へ向かう
ポイント③ 弱い人はいない―力の差はつくりだされたもの
ポイント④ 当事者（された側）がどう感じているか？ が基本になる
ポイント⑤ 差別問題は歴史的な文脈で考える
ポイント⑥ 差別は社会の問題―すべての人が当事者である

小林健治さんの『差別語・不快語』（にんげん出版、二〇一六年）を参考にしながらこの問題を一つずつ整理してみたいと思います。

■ポイント①　差別は常に合理化を伴う

いじめや差別行為を行う人は、あれこれ理屈をつけて自分の行為行動を正当化するものです。小林さんは黒人差別を例に挙げ「黒人は色が黒いから差別されたのではない。肌の黒さが差別の理由づけにされた」と述べています（『差別語・不快語』二七頁）。つまり肌の色の違いを差別の理由に仕立て上げ、不当な扱いを合理化したということでしょう。強者が社会的な弱者を支配する目的をもった合理化です。学校で「いじめは悪いけど、いじめられる方にも原因があるよね」という言葉を聞いた人は少なくないでしょう。これもいじめという人権侵害を合理化する理屈ですね。

こうした合理化が被害を受けている個人に投影されると「いじめられている自分が悪いのだ」「ＤＶ（ドメスティック・バイオレンス）を受け続けているのは私がいたらないからだ」のように、自分で自分を責めるような心情に陥り、被害はより深刻化します。

いじめられる（差別される）側にも原因があるよね？　と言われたらどんな対話をするか考えてみよう。(12)

(12) 私ならば、まず「どうしてそう思ったの？」と聞いてみます。そして相手の答えの中にある問題点、例えば一方的な自己責任論や加害を正当化（合理化）するものはないか、対話しながら考えあっていく姿勢をとりたいと思います。「いじめられる側にも云々」のような発言が生まれた背景には自身の傷つき体験が奥底に眠っている場合もあり、「そんな考えは間違っているよ！」と頭から断定しないことも必要でしょう。

■ポイント②　力の強い方（多数）から弱い方（少数）へ向かう

名作漫画「ドラえもん」はのび太とドラえもんの友情や成長を描いたものですが、たびたびジャイアンにいじめられるのび太が出てきます。ジャイアンをいじめるのび太はいませんね。差別行為も同じで、常に「弱い」ものが対象になるわけです。差別やいじめは「多数派＝マジョリティから少数派＝マイノリティ」に向けられるという法則があるのです。

しかし、必ずしも力の差は数の〝多い少ない〟ではないことにも注意したいものです。例えば南アフリカ共和国では「アパルトヘイト」という少数の白人が、黒人たちを支配した歴史がありました。要は**権力関係がそこにあるかどうかがポイント**になるのです。沖縄の米軍と地元住民の関係も似たような部分があります。沖縄では米兵による住民への犯罪が起きても、日本の法律をそのまま適用して罰することができない事例が起きています。

琉球新報社論説委員会『沖縄は「不正義」を問う』（高文研、二〇一六年）を読んでみよう。

つまり**差別は権力関係を基盤に起きるもの**なのです。「**非対称性**」の**関係**と言ってもいいでしょう。例えれば、三角形を真ん中Aから半分に折り、合同なパーツに区分されるものを対称であるとすれば、非対称性とは、その折れ線の位置がBのように著しく偏ったものです。このように折れ線が隔たれば、左右の三角形パーツは合同どころか相似形にさえなりません。そして、その折れ線Bは人為的、社会的に作り出されたものなのです。

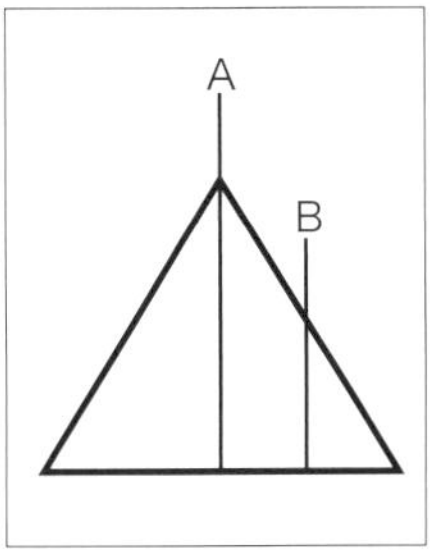

渡辺雅之、「学校内外における多文化共生教育に関する考察～社会における Diversity（多様性）実現に向けての諸課題」『関係性の教育学』The Journal of Engaged Pedagogy Vol.15　関係性の教育学会 15 2016 年

TRY!

非対称な関係―他にはどんなことを思い浮かべますか。生活の中で具体的に考えてみよう。(13)

■ポイント③　弱い人はいない―力の差はつくりだされたもの

ポイント②の補足になりますが、押さえておきたい視点は「もともと弱い人（かわいそうな人）がいるのではない」ということです。弱い立場に〝追いやった〟だけなのです。これは障害者問題を考える上でも重要な点です。足が不自由だとしても、それをサポートする社会の仕組み（インフラなど）や他者がいれば、足が不自由でも弱い立場にたたされることはありません。しかし、それがない、または不十分な場合、足が不自由なことによって様々な障害が生じ、結果として力の差（強さ・弱さ）が生じてしまいます。

(13) 例えば、学校における体罰「先生↓生徒」、会社でのパワハラ「(上司) 社長↓ (平) 社員」、異性へのセクハラ「(多くは) 男性↓女性」などは非対称な関係です。特殊な状況で権力関係が逆転していない限り、逆は成立しません。

つまり「弱者」「強者」という言葉は自明のものではなく、**社会的に〝権力関係の中で〟生み出されているもの**という考え方が大切なのです。

私は二〇一三年頃から、ヘイトスピーチに抗議する活動を続けてきました（カウンターまたはプロテスターと呼ばれています）。そのカウンターの中で「自分は、差別されているかわいそうな在日朝鮮人を守るために活動している（趣旨）」と言う人がいました。それを聞いた当事者（在日朝鮮人三世）の方がぼそりと言った一言「俺たちは別にかわいそうじゃねえし」が忘れられません。

小林健治さんは障害者差別を考える出発点として「障害をもつ人々を、社会福祉の〝ほどこしを受ける対象〟としてではなく、社会福祉を含め〝あらゆる権利を有する主体〟として理解する（前掲書三一頁）」という重要な問題提起をしています。

ちなみに障害という表記について、ここで捕捉しておきましょう。障害とは辞書的な意味では次の二つとなります。

一　さまたげること。また、あることをするのに、さまたげとなるものや状況

二　個人的な原因や、社会的な環境により、心や身体上の機能が十分に働かず、活動に制限があること

一般的に障害者という言葉は二の定義によって「心身に機能の障害があり、障害および社会的障壁によって継続的に日常生活や社会生活に相当な制限を受ける状態にある人」を指します。「社会

的障壁」とは、障害がある人にとって日常生活や社会生活を営む上で壁（妨げ）となるような社会における事物・制度・慣行・観念その他一切のものを言います。

こうしたことから考えれば、障害はその人本人に起因する生得的、あるいは後天的なものであると同時に、日常生活を営む上で**障害になるものが社会にある**という考え方が成り立ちます。障害の「害」を個人（その人本人）に限定して考えると、害という文字から受けるネガティブな印象を軽減するために「障がい」または「障碍」という表記をすることもあります。言葉を変えることによって人々の認識が変わることはあります。しかし呼び方（表現）を変えれば社会に潜む障害――社会的障壁がなくなるというものでもないでしょう。むしろ、言葉を変えたことによって、その問題の本質が見逃されることも起こります。したがって本書では、社会的な障害を重視するという立場から、多面的にとらえて「障害」と表記しています。まとめて言えば障害とは単に身体的ハンディキャップや能力不足を意味するわけではなく、その結果、自身が社会的に不利益を被ったり、不当な扱いをする社会の側の問題だというわけです。

米国認定音楽療法士の佐藤由美子さんは、「障がいや病気のある人を『弱者』とは呼ばない。もし、彼らを〝weak people（弱者）〟などと呼んだら、アメリカ人は間違いなく差別だと言うだろう。もし、障がい者が『社会的弱者』であるとしたら、社会が変わる必要があると彼らは考えるのだ」と述べ、私たちが目指すべき社会は、「**弱者を思いやる社会**」**ではなく**、「**弱者をつくらない社会**」だと主張しています。[14] 非常に大切な指摘だと思いませんか。

■ポイント④　当事者（された側）がどう感じているか？

「ガキの使い！大晦日年越しSP絶対に笑ってはいけないアメリカンポリス二四時！」（日本テレビ、二〇一七年一二月三一日）において、人気タレントが黒人を真似た黒塗りメイク（いわゆるブラックフェイス）のコントが話題になりました。この「黒塗り」姿は放映開始からすぐにSNS上で「面白い」「めっちゃ笑える」という趣旨の書き込みと同時に、「黒人への差別である」など多くの批判も集まりました。そうした中、「あの演出は差別してるわけじゃない」という趣旨の書き込みに混じって次のようなものがありました。

Ａ　肌の色なんか関係ない、ぼくは気にしない

Ｂ　僕には黒人の友だちもいるし黒人文化をリスペクトしている

このような意見は「カラーブラインド」と言って反差別運動の中でたびたび批判されてきたものです。Ａのような態度は一見、正しいように見えますが、現実に存在する人種差別から目を逸らすことにつながり、社会が解決すべき問題を曖昧にしかねないのです。また差別被害の当事者の苦しみや辛さを軽く見てしまうという問題もあるでしょう。またＢも同様に、いまここにある差別や歴史的経緯を無視したものと言えるでしょう。

カラーブラインドに関する詳しい解説が書かれた以下のブログを読んでみよう。
リベラルアーツガイド【カラーブラインドとは】定義からアメリカでの実態までわかりやすく解説（https://liberal-arts-guide.com/color-blind/）

黒塗りパフォーマンスは日本ではよく見られているものでした。私の知る限りでは、始まりは一九七〇年代に登場したシャネルズ（のちにラッツ&スター）です。彼らは黒人音楽の一ジャンルであるドゥワップを取り入れたパフォーマンスで〝ランナウェイ〟などのヒットを飛ばしテレビ出演も果たしています。そうしたパフォーマンスはむしろ黒人の音楽文化へのリスペクトとして捉えられ、批判を浴びるようなことはありませんでした。しかし、明らかに時代は変わっていきます。

日本の結婚披露宴でそれを目撃したオリバー・カープ氏（現代アジア研究所特別研究員）は次のように述べています（J-CASTニュース、二〇一五年二月一五日）[15]。

（14）なぜ、アメリカでは障害者を「弱者」と呼ばないのか？ ハフポスト(https://www.huffingtonpost.jp/yumiko-sato/handicap-difference-japan-usa_b_17633392.html)（二〇二一年五月三日アクセス）

（15）https://www.j-cast.com/2015/02/15227869.html?p=all（二〇二一年七月六日アクセス）

「私アメリカ人にとって、ブラックフェイス（黒塗り）はただ一種類、否定的な意味しか持っていません。それは、偏見、嘲り、そして人種差別です」「様々な芸術に対する選択肢の一つなのかもしれませんが、罪のないパフォーマンスとはみなされません」

さらに詳しく見ていくことにしましょう。実はこれらパフォーマンスは、この本のテーマである「マイクロアグレッション」が根底にあります。そもそもアメリカではこうした「ブラックフェイス」は差別行為として公の場で表現することは許されていません。

日本在住の作家、バイエ・マクニールさん（アフリカ系アメリカ人）は、この件に関してのインタビュー〝「笑ってはいけない」浜田の黒塗りメイクが物議　黒人作家が語った不安〟の中で次のように述べています（HUFFPOST NEWS 二〇一八年一月三日）[16]。

私の気持ちは半々です。半分の私は、日本のテレビコメディーや音楽でブラックフェイスを見るたび、見下されたような、馬鹿にされたような、そして表面だけを見られて、人間性を否定されているような気分になります。私の肌の色が、私自身の人間性が、芝居の小道具、あるいは脚本にされたかのように感じるのです。しかし、もう半分の私は、彼らは子供で、わかっていないだけ。だから我慢しなきゃとも思うのです。

どうでしょうか。マイクロアグレッション＝「口にした本人に〝誰かを差別したり、傷つけたりする意図があるなしとは関係なく、対象になった人たちを軽視したり侮辱するような敵対・中傷・否定のメッセージを含んでおり、それゆえに受け手の心にダメージを与える言動」の典型であることがわかると思います。当事者（された側）がどう感じているか？　が基本になるということです。

さらにマクニールさんは「ブラックフェイスが笑いの種として使われる場合、暗黙の偏見を助長する。そしてそれは、日本においてすでにしばしば見られる外国人の『他人化』を悪い方向へと導く、肌の色に対する感情や態度につながる」と厳しく批判しました（「黒塗りメイクは世界では人種差別行為だ―在日一三年の黒人作家が書き下ろした本音」東洋経済ONLINE〈二〇一八年一月一七日〉）[17]。マクニールさんが言う悪い方向に導く「他人化」とは外国人を、差異を認め合いともに生きていく「他者」ではなく、しょせん日本社会における「他人」であるとし、「彼らは別の人間である」という認知のことでしょう。それは結果として社会に差別と偏見の種をまくということですね。

そして注意すべきことは、マクニールさんのように当事者が意見を表明するのはとても難しいという問題です。多くの場合、マイクロアグレッションの対象にされても、もやもやした気持ちでそ

（16）https://www.huffingtonpost.jp/2018/01/02/history-of-blackface_a_23321243/（二〇二二年三月一日アクセス）
（17）https://toyokeizai.net/articles/-/204735（二〇二二年三月一日アクセス）

いる人たちはその場における圧倒的多数派であり、場を支配しているからです。

の場をやり過ごすしかない状況になっているのではないでしょうか。なぜならその状況を作ってい

■ポイント⑤　差別問題は歴史的な文脈で考える

アメリカではこうした「ブラックフェイス」は差別行為として公の場で表現することは許されていませんと述べました。この問題は、遡(さかのぼ)ること今から約二〇〇年、一九世紀のアメリカで生まれた「ミンストレルショー」という芸能の歴史を抜きにして語ることはできません。アメリカにいる黒人たちの多くは、奴隷としてアフリカ大陸から連れ去られてきた人たちの子孫にあたります。

アメリカは独立以来、黒人やネイティブアメリカンをはじめとする白人以外の人たちに対する人種差別は合法なものでした。そうした中で、白人たちが黒塗りで黒人に扮し、その容姿や振る舞い・言語（話し方）などを誇張して面白おかしく（バカにして）演じたものがミンストレルショーです。その後このようなショーはかたちを変えながら地方興行や普及したテレビなどで行われてきました。しかし長い人種差別に対するたたかいの中で、公民権法（一九六四年）が制定され、今では人種差別を助長するものとして禁止になっているわけです。

人種差別の一例を挙げれば、一九世紀末から一九六〇年代までアメリカ南部諸州には、黒人の学校・水飲み場・バス座席・公園のベンチなど一般公共施設の利用を禁止・制限したジム・クロウ法と呼ばれた法律がありました。破れば公開リンチが行われていた最悪の人種差別法なのですが、ジ

ム・クロウというのは架空の人名。ミンストレルショーなどの「芸能」から生まれたブラックフェイスのキャラクターなのです。こうした歴史的事実を学べば、安易に黒塗りメイクをすることなどできません。

TRY!

大和田俊之『アメリカ音楽史』（講談社選書メチエ、二〇一一年）
ミンストレルショーの成り立ちや黒人文化がアメリカ音楽に与えた影響について興味のある人は読んでみよう。

ブラックフェイスを演じたタレントたちが「差別する意図はなかった」というのは本音かもしれませんが、こうした歴史を知らない（調べたり・知ろうとしない）不勉強は厳しく問われなければならないでしょう。そしてそれは、演じたタレントが不勉強であるという問題だけではなく、テレビ局という大きな影響力を持つメディアに関わっている人たち（組織）の中に、そうしたことをきちんと学んだ人がいなかったという問題があります。情けないことに、これが日本社会の現実ではないでしょうか。

TRY!

ニューズウィーク日本版（二〇二一年三月三〇日）には、「南部ジョージア州に人種隔離政策『ジム・クロウ法』が復活」という衝撃的な記事が掲載されています。読んでみよう。
https://www.newsweekjapan.jp/stories/world/2021/03/post-95949.php

二〇二一年三月には日本テレビの情報番組「スッキリ」の中でアイヌ民族に対する差別発言が放映されて大きな批判を浴びましたが、これも同根です。問題の発言は、アイヌ女性のドキュメンタリー「Future is MINE —アイヌ、私の声—」を紹介した後、お笑い芸人の脳みそ夫さんが「この作品とかけまして動物を見つけた時ととく。その心は、あ、犬」と謎かけをしたものです。世論の批判を受けてテレビ局は次のような謝罪を行ったと報道されました（参照　ディリーニュース〈二〇二一年三月一五日〉[18]）。

水トアナは「まずは番組からお詫びをさせていただきます」と口火を切り、「先週金曜日の『スッキリ』で、アイヌ民族の女性をテーマにしたドキュメンタリー作品を紹介しました。それを受けての放送の内容について、アイヌ民族の方々を傷つける不適切な表現がありました。制作に関わった者にこの表現が差別に当たるという認識が不足していて、番組として放送に際しての確認が不十分でした。その結果、十分な正しい判断が行われないままアイヌ民族の方々を傷つける不適切な表現で放送してしまいました。日本テレビとしてアイヌの皆様、並びに関係者の皆様に深くお詫びを申し上げるとともに、今後の再発防止に努めてまいります」

続けて「そして、アイヌ民族の方々の歴史や文化を深く理解して広く伝えていくための取り組みを進めてまいります。なお、『スッキリ』の当該コーナーに関しましては、当面の間、休止とさせていただきます。改めまして本当に申し訳ありませんでした」とお詫びの言葉を述べ、深々と頭を下げた。

さて、このコメントをみなさんどう受け止めますか。私が気になったのは何よりも「不適切な表現」という言葉です。表現が不適切だったので「表現（方法）を改めればいい」という風に聞こえてしまいます。「表現が差別にあたる」とは言っていますが、ここではっきりと「差別発言であった」と言うべきでしょう（ポイント①～④）。

そして差別発言をした当の芸人は「今回の件で僕の勉強不足を痛感しました。知らなかったとはいえ、長い年月にわたりアイヌの皆さまが苦しまれてきた表現をすることになってしまいました」というコメントをしています。正直な吐露（とろ）のように見えますから、「これ以上批判すべきではない、反省しているのだから許してやろう」と考える人もいると思います。(18) 誰しも間違いを犯しますから、それに気づいて認識を変える――アップデートしていくことは大切です。しかし、こうした場合より重要なのは次のステップに進むことではないでしょうか。つまり当事者に誠心誠意の謝罪の気持ちを伝えることと同時に「**今後、民族差別に出会ったら、それを止める人になれるように学んでいきます**」**と表明すること**だと私は思うのです。

謝罪の最後のコメント「アイヌ民族の方々の歴史や文化を深く理解して広く伝えていくための取り組みを進めてまいります」は重要な視点です。差別問題を歴史的文脈で考えるとは、過去の歴史

(18) https://www.daily.co.jp/gossip/2021/03/15/0014152370.shtml（二〇二一年八月一九日アクセス）

から学び、未来をつくる具体的な道のりを歩むことなのです。(19)

この本を読んでいるみなさんなら「えた・非人」や「ライ病」という差別語も聞いたことがあるでしょう。これらもまた、日本社会の歴史を抜きにして語ることはできません。在日朝鮮人をはじめとした外国籍の人たちに対してあびせられる典型的なヘイトスピーチ「祖国に帰れ」も同様です。なぜ、部落という集落が生まれたのか、なぜ朝鮮半島にルーツを持つ人たちが日本で暮らしているのか……そうしたことを知ろうとする態度があまりにも乏しいのが今の日本社会のありようです。**差別はある日突然、現れるわけではありません。それに至る歴史があり、そのことを知ろうとする態度が極めて重要**なのだと思います。

TRY!

海外ドラマ「ROOTS ルーツ」を観てみよう。

作家アレックス・ヘイリーが自らの家系を綴ったピューリッツァー賞を受賞した自伝的小説をドラマ化。一九七七年にアメリカABCで放送され、一億三〇〇〇万人以上が視聴しエミー賞をはじめ多くの賞も受賞した伝説のドラマ。クンタ・キンテから始まる一族の黒人奴隷の物語を真正面から描き、日本でも高視聴率を記録。「ルーツ」という言葉を一般的に浸透させるなど、社会現象を巻き起こした。今回、新たなキャスト、新たな内容でリメークされ、アメリカでは五月三〇日のメモリアルデイから各話二時間四話連続の放送が開始された。（映画ランドより(20)）

徐京植『在日朝鮮人ってどんなひと?』（平凡社、二〇一六年）を読んでみよう。
梁英聖『レイシズムとは何か』（ちくま新書、二〇二〇年）を読んでみよう。

■ポイント⑥　差別は社会の問題―すべての人が当事者である

私は今まで、平然とヘイトスピーチをする人、差別を娯楽や商売の道具にする人、他者をいじめる人……残念ながらそういう人たちに何度も遭遇しました。それらの人たちは意地悪な性格の持ち主で、「悪い」人なのでしょうか。答えはイエスでもありノーでもあると思います。暴力をふるう人、いじめる側の人にも何らかの「理由」や「原因」があるのは、（それが正当かどうかは別として）ある意味当たり前でしょう。しかし、どんな理由や原因であっても他者の人格や尊厳を傷つけていいわけはありません。だから、そういう人たちを批判し、止めろというのは正しいことです。

学校ではいじめが社会問題になって久しく、相変わらず自らの命を絶たざるを得ないほど追い込まれる子どもたちも存在します。よって文科省も「いじめ対策防止法」などを制定し、本腰を入れ

(19) その後、日本テレビは二〇二一年八月二六日に同番組内で差別表現がなぜ放送されてしまったのか、時系列にそって説明し再度謝罪と反省の弁を述べました。
(20) https://www.youtube.com/watch?v=32SxoajtCJ4（二〇二一年三月一〇日アクセス）

ていじめ問題に取り組みはじめました。そうした動きの中で「いじめ撲滅」「いじめゼロ」などのスローガンを掲げる学校も出てきました。また、いじめを繰り返す生徒を出席停止や警察などの関係機関に送ることも行われるようになっています。こうした措置は加害のエスカレートを防ぎ、被害を拡大させないためにやむを得ない面もあると思います。しかし、そうした悪い行いをする人を罰し、排除しただけで問題は解決するのでしょうか。ペックナンバーという言葉を聞いたことがありますか。

元家裁調査官の浅川道雄氏はイジメ現象を動物行動学「ペックナンバー現象」から説明している。ペックナンバーとは動物がくちばしで他を突っつく順番を言う。狭いニワトリ小屋へたくさんのニワトリを追い込むと、最初は大騒ぎになるが、次第に静まってニワトリの中に一定の秩序が生まれる。群れのトップに君臨し、弱いものを突っつくことが出来る王様ニワトリから、自分以外のすべてのニワトリから突っつき回されて、決して突き返すことが出来ない底辺のニワトリまでの垂直的な順位が生じて集団は「安定」する。しかし、最底辺のニワトリは他のニワトリのすべてのストレスのはけ口として突っつき回され、一日も持たず全身血みどろになって死んでしまう。解決のために、突き回す「悪い」王様ニワトリを罰し、よそのゲージに移したところで、二番目のニワトリがその地位につき、殺されたニワトリの代わりに底辺から二番目のニワトリが自動的に最底辺に位置するのみで、その悲惨な構造（関係性）は何も変わらない。しかし、ニワトリを狭い小屋から出して野飼いにすると、ペックナンバー現象は姿を消してしまうという。この現象はいじめを生み出す空間を解き放ち、「集団」そのものを丸ごと変革する必要があることを示唆している。

（渡辺雅之『いじめ・レイシズムを乗り越える「道徳」教育』高文研、二〇一四年、一三九―一四〇頁）

意地悪なニワトリは私たちのゲージ（社会）から生み出されているのです。「●●人を殺せ！」「●●人を叩き出せ」というような悪質なヘイトスピーチが蔓延している日本ですが、それらの言葉は誰に対して、誰に向けて言っているのでしょうか。金尚均さん（龍谷大学法学部教授）は「彼らヘイトスピーチをする人たちは、該当する●●人に言っているわけではありません。日本社会に、そうしよう！と呼びかけているのです」と指摘しました（EarthWalkers Covid-19 Stay Home Project online Seminar Vol.44「ヘイトスピーチとフェイクニュース」二〇二一年三月七日）。非常に重要な視点です。差別は当事者をターゲットにすると同時に社会に向けられ、私たちの社会のフェアネス（公平性）を破壊する暴力なのです。ヘイトスピーチが「差別扇動表現」と訳されている理由でもあります。

アイヌ民族に対する差別発言に戻りましょう。テレビ局はこう謝罪しています。「アイヌの皆様、並びに関係者の皆様に深くお詫びを申し上げるとともに」のくだりをどう思いますか。傷つけた当事者に対する謝罪と再発防止は当然のこととしても、ここには、こうした差別発言が社会全体を傷つけるものだという認識がないのではないでしょうか。

いじめ問題で述べたように、ニワトリを隔離したり（ペックナンバー現象）、ときに処罰することが必要な場合もありますが、それだけでは本当に問題を解決することにはなりません。**差別の問題はそこに暮らし生きる全ての人の問題であり、全員が当事者である**といっても過言ではありません。

そして差別問題を当事者であるマイノリティに負わせてはならないと思います。差別を作り出しているのは社会のマジョリティです。よって、解決の責任を負うのはマジョリティであるべきでしょう。よって「私は差別なんかしない」「偏見も持っていない」という態度は一見、望ましいものかもしれません。しかしそれは、カラーブラインドで述べたように、目の前にある差別を見逃すことにもつながりかねないのです。「**差別に対してNO」という態度こそが当時者としてこの社会に生きるということではないでしょうか**。梁英聖さんは「問題は差別より反差別にある。日本には差別と闘う社会規範がないのだ」と日本社会のありようを厳しく指摘しています（『レイシズムとは何か』ちくま新書、二〇二〇年、一二頁）。

ここまでのまとめとしてもう一度差別問題を考えるポイント六つを整理しておきましょう。

ポイント① 差別は常に合理化を伴う
ポイント② 力の強い方（多数）から弱い方（少数）へ向かう
ポイント③ 弱い人はいない―力の差はつくりだされたもの

ポイント④　当事者（された側）がどう感じているか？
ポイント⑤　差別問題は歴史的な文脈で考える
ポイント⑥　差別は社会の問題―すべての人が当事者である

差別する（他者を支配する）という目的のために理由が作り出されること。それは必ずステレオタイプに基づく非対称性の関係の中で行われること。逆に言えば、対称な関係の中で差別は発生しない（対等なケンカとイジメの違いですね）。

された方（当事者）がどう感じるかが基本になりますが、ただその考え方には注意も必要です。当事者といっても「当時者全員が同じ気持ちになるはず」とひとくくりにするのは危ういのです。なぜなら当事者というくくり方もまたステレオタイプにつながるからです。民族や性的指向などの属性を伴う場合にはとくに注意が必要です。例として掲げたブラックフェイスも「全然、気にしない。むしろ黒人文化をとりあげてもらって嬉しい」という当事者もいるかもしれません。性的マイノリティ当事者には、「オカマと呼ばれても全然気にしない」人もいれば「蔑称だから傷つく」という人もいるでしょう。

よって何よりも「差別は社会の問題であり、すべての人が当事者である」ととらえることが大切だと思います。言い換えれば「**そこにある差別はあなたの問題でもあり、私の問題でもある**」ということ。そして、差別の問題は歴史的文脈で考えること、すなわち「いま何が起きていて、それはなぜなのか」を学ぼうとする態度が不可欠なものと言えるでしょう。

この章の最後に、「ポイント⑤差別問題は歴史的な文脈で考える」を補足しておきたいと思います。

TRY!

ステレオタイプって何か説明してみよう。[21]

4.「反日」といういいかげんな言葉

先にあげたポイント④「当事者（された側）がどう感じているか？　が基本になる」にも関係しますが、中国で一〇年以上暮らしている江南紅舟さん（日本生まれ日本育ちの日本人）は『ライブＳＮＳ時代の中国：人・街・笑顔～在中一〇年のすべて』(Kindle Edition) の中で「反日」、という語彙（ごい）、言葉は、新聞、テレビは、もはや、すぐに使用をやめるべきだと述べています。中国人の多くの若い世代は、日本のスラムダンクやドラえもんをはじめとしたアニメ文化に触れており、日本に対していわゆる「反日」などという感情を抱いている人はほとんど見受けないという実態を述べつつ、次のようにまとめます。少々長いですが、引用します。

「反日」、という言葉に相応するような感情は、正確に言えば、歴史的な、過去に存在した感情であって、元来、韓国や満州のように、実質的に植民地化されていた地域や、中国大陸のように軍事占領、侵略された地域が、日本を「国」として排斥する必要があった時代でこそ、はじめて実質があった言葉だったと思います。現在、日本国内で、中国、韓国などの一部の人たちの日本に対する見方について、「反日」、と表現されているものは、国際的に外国からの目で見れば、「日本に敵対的な態度」、ではなく、戦前、戦中の日本政府や兵士の、国際的にも普遍的な人権無視に対する、倫理的な怒り、と表現したほうが正鵠を得たものです。

そして、同時に江南さんは歴史の事実を直視し、そこから学ぼうとしない私たち日本社会のありようを全面的に見直すべきだと言います。

戦争責任に対する無自覚は、単に政治家の責任ではなく、国民的な、日本の社会全体の、問題、と考えざるを得ません。（中略）中国側の、少なくとも国民の一部にある、「日本いやだな」、という感情は、この日本の無感覚、中国の人たちの苦しみに対する、あまりといえばあまりの、

(21) ステレオタイプは、昔使われていた活字印刷（ステロ版）を語源にしています。印刷はまったく同じものが刷り上がってきます。つまり、型にはまった先入観や思い込みをもとに、「●●人はこう」「女（男）はこう」など単純化して、（違いを見ずに）人やものごとをひとくくりにして決めつけることです。

鈍感さへの、当然の反作用、というべきものだと思います。

現在起きている問題は、過去の歴史を見ないと正確にとらえることが出来ません。いきおいイメージや印象に引っ張られた感情論に陥ってしまいます。元ドイツ大統領のワイツゼッカーの「過去に目を閉ざす者は、現在にも盲目になる」は有名な言葉ですが、目の前に現れる差別を見るためには過去（歴史）を見ることの重要性を強調した言葉として、胸に刻んでおくべきでしょう。

第二次世界大戦終了四〇周年の一九八五年五月、ワイツゼッカー元独大統領は、荒れ野の四〇年という議会演説で「**過去に目を閉ざす者は現在にも盲目になる**」と訴え、ナチス・ドイツによる犯罪を「ドイツ人全員が負う責任」だと強調しました。歴史を直視するよう国民に促した言葉は、九〇年の東西ドイツ統一後もドイツの戦争責任を語る際の規範となったのです。（参照：ワイツゼッカー元独大統領が死去　統一後初代、戦争責任直視訴え—47NEWS 二〇一五年一月三一日）

日本国内でもよく「反日」という言葉で政治や社会を語る人たちがいます。あいちトリエンナーレで行われた「表現の不自由展」を妨害した人たちなどがよく使う言葉です。日本の戦争における加害行為や天皇制を問題にすると、「日本（の歴史）を貶（おとし）めるのか?!」それは反日行為だというわけです。安倍晋三前首相も月刊誌「Hanada」でこの表現を使って論評しています。

安倍晋三前首相は発売中の月刊誌「Hanada」で、東京オリンピック・パラリンピックについて、「歴史認識などで一部から反日的ではないかと批判されている人たちが、今回の開催に強く反対している」と批判した。具体的には共産党や五月の社説で中止を求めた朝日新聞を挙げた。（毎日新聞二〇二一年七月三日）

しかし、オリンピックの強行開催や政権（権力）を批判することが反日（行為）なのでしょうか。私は、全くそうは思いません。過去の歴史をしっかりと見つめたり、政権（権力）を批判するのは、健全な社会のために必須です。むしろ、国や社会を愛するからこそ、まずいと思うことを批判し、より良くしようとするのではないでしょうか。

右翼活動家の山口祐二郎さんは「愛国とは日本の負の歴史を背負うことだ」と言い切ります（『ネット右翼vs反差別カウンター』モナド新書、二〇二一年）[22]。

山崎雅弘さんは『歴史戦と思想戦―歴史問題の読み解き方―』（集英社新書、二〇一九年）の中で、次のように述べています。

（22）二〇二一年八月、山口さんは右翼団体「憂国我道会」を解散し、右左の区別なく愛国の活動を続けると宣言しました。

自分が「日本人」であるなら、自分の帰属集団である日本を擁護するのは自然なことだ。日本人なのに日本を擁護しないのは、自分で自分を虐める「自虐」だ。一見もっともらしい、しかし実はトリックが仕込まれたこの説明に、そのまま同意する日本人は少なくありません。しかし、「日本の名誉」と言う部分の「日本」が、実は「大日本帝国」を意味する形で使われていることが多い事実に、どれだけの人が気づいているでしょうか。（同書、八六頁）

反日とは、かようにいいかげんで、戦前（大日本帝国時代）に回帰させる目的をもった誘導的な言葉です。それによって、歴史をゆがめたり健全な批判精神を抹殺しようとする力が日本社会に働いていることに注意を払わなければならないでしょう。

TRY!

以下の本を読んでみよう。

山崎雅弘『歴史戦と思想戦―歴史問題の読み解き方―』（集英社新書、二〇一九年）

山口祐二郎『ネット右翼vs.反差別カウンター』（にんげん出版、二〇一九年）

第3章

差別はなぜ生まれるのか

肌の色や育ち、宗教で他人を
憎むよう生まれてきた人などいない。
人は、憎むことを学ぶのだ。
もし憎しみを学べるのならば、
愛を教えることだってできる。
憎しみに比べ、愛はずっと自然に人間の心に届く。

ネルソン・マンデラ

今までみてきたように、差別は標的にされた当事者の心身を深く傷つけるものであると同時に私たちの社会の公平性を壊すものです。だからこそ学校や職場でも繰り返し「差別はやめよう」と（形式的であっても）教えられてきたのではないでしょうか。でもその理由をきちんと言語化する（自分の言葉で語る）ことが大切です。この章では差別はなぜまずいのか整理しながら、差別がどこから生まれてくるのかを考えてみましょう。

1. 差別はなぜまずいか

（一）人種ってなに

レイシズムという言葉があります。直訳すれば「人種主義」ですが、意味は「人種によって他者を差別（不当に扱う）すること」すなわち人種差別を指します。しかし、人種とは何でしょうか。アメリカで五〇年以上も差別問題に取り組んでいるジェーン・エリオットさんは、フリーハグという社会活動に取り組む桑原功一さん（映像作家）のインタビューの中で次のように述べています（人類 VS レイシズム　Human VS Racism）。

地球上の人間を表す種はひとつしかないの。それは人種よ。私たちはみんな『人種』の中にいるの。だからあなたとわたしは三〇～五〇番目のいとこなの。否が応でも、私の遠いいとこなの。なぜなら私たちは同じご先祖様からきてるから。三〇～五〇万年前のね。（中略）ご先祖はアフリカで生まれたの。

> TRY!
> 桑原功一さんのYouTubeに関連したコンテンツがたくさんあるので見てみよう。
> (https://www.youtube.com/@FreeHugsforPeace01)

私たちは社会の授業で「人種とは、白人、黒人、黄色人種のように肌や目の色などの身体的特徴である」と教わってきたのではないでしょうか。しかし竹沢泰子さん（京都大学教授・文化人類学者）も国際人類民族学会議――京都会議の中で次のように述べています[23]。

ヒトの起源に関してはアフリカ単一起源説で現在科学者の間ではほぼ見解が一致しています。
これは地球上のすべてのヒトが、現代人であるホモ・サピエンス・サピエンス（ママ）として

（23）参照　http://oldwww.zinbun.kyoto-u.ac.jp/conference/nhk.html

アフリカから他地域に広がったとする説で、一〇万年から一五万年前と言われています。皮膚の色や目の色などが地域によって違うのは、環境による作用などによるもので、ヒトの身体的な多様性を理解する上でも重要です。けれどもそのような特徴をもとに境界線を引いて人間をいくつかの集団に分類するという人種の概念は、今日生物学的に有効ではないという見方が一般的です。

つまり生物学的には「人種はない」ということです。しかし、梁さんは「人種は存在しないが人種差別―レイシズムは存在する」と主張します。

人種が存在した上で人種差別が起こるのでは全くない。逆に人種差別と言う実践や慣習があるからありもしない人種が作られるのだ。（前掲書九頁）

これは第2章で示した差別問題を考える六つのポイント「差別は常に合理化を伴う（ポイント①）」とつながっています。「人種差別はやめよう」はまさにグローバルスタンダード（世界的な基準）として語られている言葉なのですが、この言葉には〝人種が存在する前提〟として使われていることを認識した方が良さそうです。ちなみに私が二〇一四年に書いた『いじめ・レイシズムを乗り越える「道徳」教育』には、そうした概念はありません。意図的に書かなかったわけではなく、当時の私の捉え方がそこまでだったということです。梁さんは人種差別――レイシズムとは「近代的な生権力によって行使され、生きるべきものと死ぬべきものとを分けて、実際に殺すことを可能にする行為の態様を指す言葉（前掲書八八頁）」と定義しています。

エリオットさんは桑原功一さんの「レイシズムをなくすためにどうしたらいいですか？」という問いに、「学びなさい」と返しています。そして二〇一七年ＮＢＣのインタビューでは「**差別主義者の人は、愚かなのではなく無知なのです。無知への答えは、教育です**」と言いました。まさに、誰しも「学んでいかないといけないな」と本書を書き進めるたびに痛感しています。学びの旅を続けます。

ジェーン・エリオット先生の「茶色い目と青い目―一九六八年四月、アメリカ中西部のアイオワ州の小学校―jane elliott　blue eyes brown eyes」の動画を観てみよう。

https://www.youtube.com/watch?v=c18oEXqDg1k

（二）差別は何を壊すのか

差別は人を傷つけるとか社会を壊すと述べてきましたが、これでは抽象的ですね。ここから少し具体的に考えていきましょう。

二〇〇九年一二月四日に、京都朝鮮学校襲撃事件というヘイトクライム（差別煽動を伴う犯罪）が起きました。差別団体による醜悪（しゅうあく）極まりないヘイトスピーチ「朝鮮学校を日本からたたき出せ」「スパイの子ども」などが拡声器をとおして、校内にいる子どもたちの耳に響いたのです。

児童にはさまざまな反応が出た。拡声器から響く古紙回収の知らせを怖がり、電車に独りで乗ることを嫌がった。夜泣きやおねしょが戻る子もいたという。当時、教務主任だった金志成（キムチソン）さん（五二）は「ヘイトスピーチの標的になっている緊張が常に続き、子どもへ伝わった」と、混乱の日々を振り返った。（京都新聞　二〇一九年一二月一八日）

二〇一九年九月二七日に、有志の会が行った学習会の中で、当時小学生だったAさんをゲストスピーカーにお招きし、当時のことを語っていただきました。Aさんは「子どもだったけど、言葉にできない怖さを感じて、今でも夜になるとあの怒鳴り声が聞こえてきます。ほとんどの日本人はそんな人じゃないことは分かっているけど、この社会で暮らすことが怖くなるのです」と涙ながらに証言しました（第四回誰もが共に生きる埼玉をつくる学習会「京都朝鮮学校襲撃事件とは何であったか〜埼玉県朝鮮学校補助金停止問題を考えるもう一つの視点」）[24]。

作家の柳美里さんは今の日本社会について次のように語ります。

もしかしたら、いま大きな地震が起きるかもしれない。火事が起きるかもしれない。不安、鬱憤が暴力という形で過激な形で暴発したら。誰かの命を奪うという、取り返しのつかないことにつながりかねません

歴史的にも、関東大震災の時には日本にいた朝鮮人たち、あるいは朝鮮人の疑いをかけられた東北の方が『井戸に毒を入れている』というデマから、人々に殺害されました。そのようなことが起きないのか。私は、恐れています（Buzz Feed News「本名を名乗れ」「反日なら帰れ」芥川賞作家が匿名の刃と向き合う理由〈二〇二一年三月八日[25]〉）

毎日新聞の記事「日常にひそむヘイト『日本に差別はない』は本当か」（二〇二一年二月一二日）には、生々しい証言が掲載されています。「差別を受けた学生たちの精神的打撃は大きい。自死にまで追い込まれる事態も起こりかねない（立教大助教の曺慶鎬さん）」「学生たちは文字通り心から血を流していると思う（朝鮮奨学会の権清志代表理事）」

（24）https://tomoni-saitama-koreanschool.org/2019/09/28/study/（二〇二一年三月一〇日アクセス）
（25）https://www.buzzfeed.com/jp/kotahatachi/yu-miri-1（二〇二一年八月一九日アクセス）

日本の学校で学ぶ韓国籍と朝鮮籍の学生を支援する公益財団法人朝鮮奨学会（東京都新宿区）が、高校から大学院までに通う奨学生を対象に、一九年一二月〜二〇年二月に調査を実施した（直近三年に限って経験　回答者は一〇三〇人で、在日コリアンを含む日本生まれが約八割）。

中学生の頃、自宅近くの駅でヘイトスピーチ街宣を目にした。好きな図書館に通う道だった。「在日から反日を取ると死んでしまいます」。拡声器でがなり立てられる言葉に、「反日じゃない私はもう死んでるのかな」と心の中で自嘲した。「北朝鮮はくそだからテポドンで半島ごとなくなってしまえばいい」と話すのを聞いた。「ヘイトスピーチをする人は、『在日』というカテゴリーを、人間が属するものと思っていないのかな。私みたいな、生身の人間とはかけ離れた像を思い描いているのかもしれない」。東京都内の大学に通う在日コリアンの女性（二二）

数年前にメディアの取材を受け、朝鮮半島がルーツであることがわかる本名で記事がネットに流れた。すると、SNS上には、女性を名指しして差別する言葉が並んだ。「お前らには参政権はないだろ」「正体を隠す気ないの?」「逮捕しよう」……。この時の体験をふまえ、今もSNSの書き込みには細心の注意を払う。「自分が在日であると特定されないような投稿を心がけています。攻撃されるのを知っているから」。都内の大学院に通う在日コリアンの女性（三二）

教師の振る舞いが今も許せない。教師は細胞分裂について学ぶ授業で、女性の顔を見ながら、「韓国とか朝鮮も民族同士で分裂しているじゃない」と語った。教師は女性の名前から在日コリアンであることを知っていたはず。自分の存在を否定されたような気持ちになり、「ここに居場所があるのかなと思った」。仲の良い同級生から、冗談交じりに「まじお前韓国に帰れ」と言われたこともあった。高校までは朝鮮学校に通っていた。今は以前より差別に遭うことが多いと感じ、「日本の社会がちょっと怖いと同時に、それに慣れてしまっている自分が一番怖い」。医療系専門学校に通う別の在日コリアン女性（二一）

これらの証言から、ヘイトスピーチの標的にされた当事者の心身が深く傷ついている様子がよくわかります。しかし、これらは氷山の一角であり連綿と続いてきた私たちの社会の差別の縮図のようなもの。もちろん在日朝鮮人に対してのものだけでなく、現存するあらゆる差別は同様の暴力性を持ち、標的にされた人たちの心身と社会を壊します。

（三） 差別が生み出すもの

■ジェノサイド

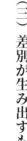

差別という暴力が生み出すものはなんでしょうか。左の図を見てください。

ピラミッドの一番上にある「ジェノサイド」という言葉を聞いたことがありますか。国あるいは民族や「人種」集団を意図的に破壊すること—集団殺害を指します。

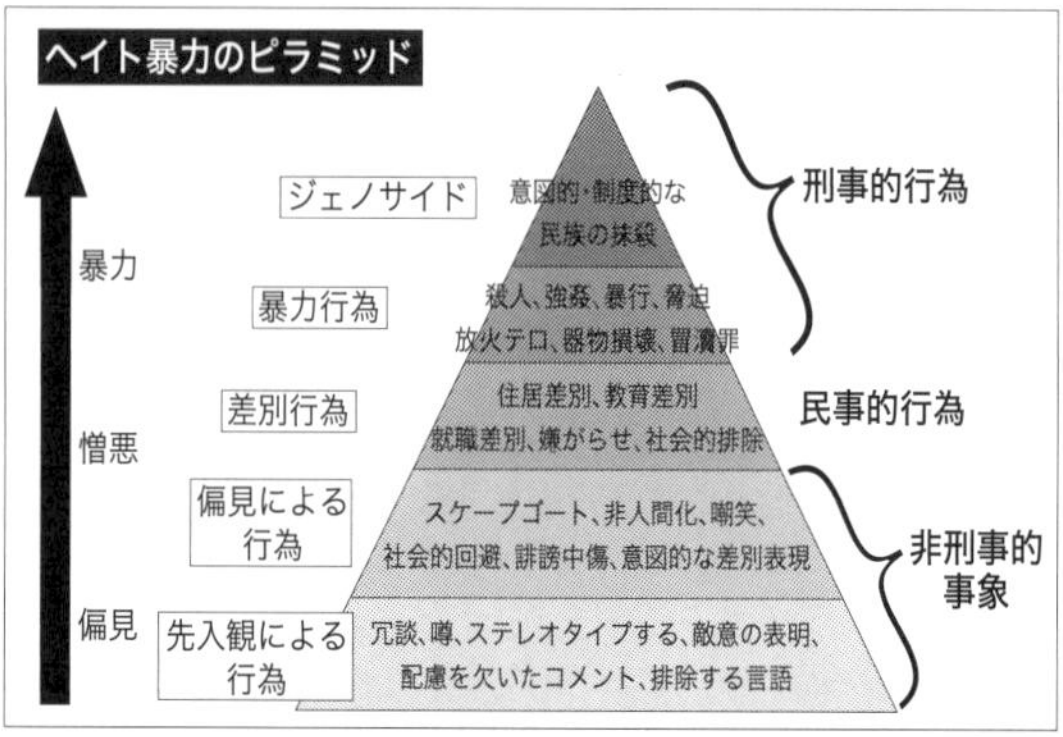

（出典：Brian Levin、Anti-Defamation League）『冨増四季のブログ　在特会・京都地裁判決に関連する雑感　ヘイト暴力のピラミッドに照らした分析』

渡辺雅之『いじめ・レイシズムを乗り越える「道徳」教育』（高文研、2014 年）18 頁

この図を分かりやすくしたもの。

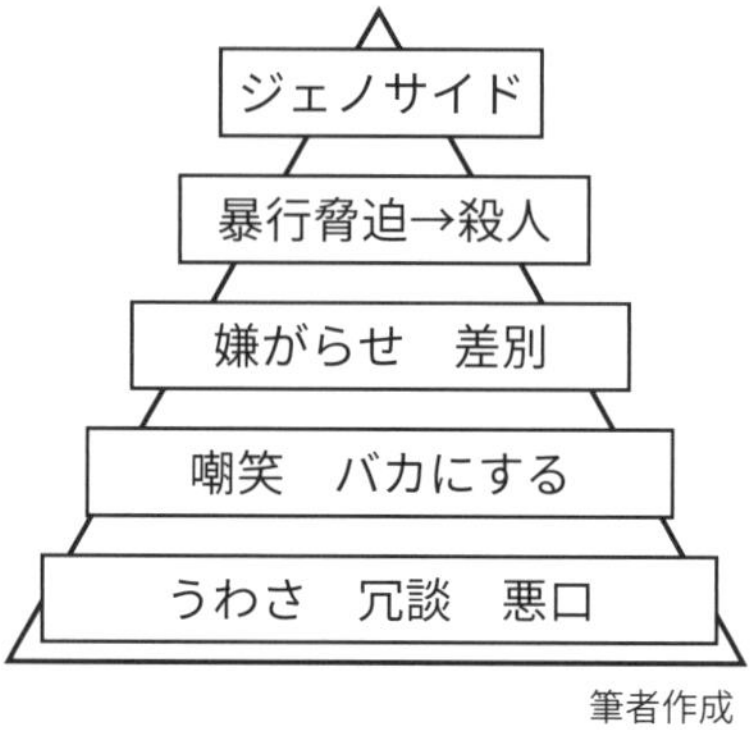

筆者作成

集団殺害とは、国民的、人種的、民族的又は宗教的集団を全部又は一部破壊する意図をもって行われた次の行為のいずれをも意味する。（ジェノサイド条約第二条）

第二次世界大戦時のナチスドイツによるユダヤ人迫害（ホロコースト）、アフリカのルワンダで起きたツチ族大量虐殺、ユーゴスラビア紛争における民族浄化など、悲しいことに人類社会はこうした歴史を生んでしまいました。

TRY!

以下の映画を観たり、本を読んでみよう。
マイケル・ケイトン＝ジョーンズ監督『ルワンダの涙』
テリー・ジョージ監督『ホテル・ルワンダ』
イマキュレー・イリバギザ／スティーヴ・アーウィン共著、堤江実 訳『生かされて。』（ＰＨＰ研究所、二〇〇六年、品切れ重版未定）

戦争はしばしば〝平和や正義のため〟という名目で行われますが、人間の命・生活そして尊厳をこなごなにするものです。よってジェノサイドは最も悲惨な戦争状態ともいえます。チベット亡命政府のダライ・ラマ一四世（ノーベル平和賞一九八九年）は「人権が尊重され、飢えがなく、そして個人と国家が自由であってはじめて、平和は続くのです」と述べましたが、**人権と平和は不可分**なものと言えるでしょう。

日本国内でもジェノサイドがありました。一九二三年関東大震災の時です。「朝鮮人が井戸に毒を入れた」という流言飛語（根も葉もないデマ）が広がり、関東地方周辺で数千人に及ぶ朝鮮人が日本人の手で虐殺されたのです。その背景には、大日本帝国による植民地支配が続く中で、朝鮮人をさげすみ差別する日本社会の日常がありました。

以下の本を読んでみよう。

加藤直樹『九月、東京の路上で　一九二三年関東大震災ジェノサイドの残響』（ころから、二〇一四年）

■ヘイトクライム

ジェノサイドの下部は「暴力行為」です。これは差別行為が犯罪化するヘイトクライム（憎悪犯罪）を指します。人種、宗教、民族、性的指向、性別、障害等、特定のカテゴリーに属する人々に対する憎悪または偏見を動機とする犯罪です。出自・属性を標的に、暴行や時には殺人にまで至ることがある許し難い行為です。JIJI.COM「アジア系への憎悪犯罪二・五倍　全米一六都市、コロナ禍で急増―二〇年」（二〇二一年三月八日）には、犯罪がエスカレートする様子が記されています。二〇二〇―二〇二一年、コロナ禍のアメリカ各地では、アジア系住民が被害にあう暴力や差別的発言が後を絶たず、全米で二八〇〇件も報告されています（STOP AAPI HATE）[26]。

いずれもアジア系住民が被害にあう事件で、被害者らは、特定の人種が憎悪の対象になる「ヘイトクライム」であると訴えている。人権団体（STOP AAPI HATE）のまとめによると、新型コロナウイルスのパンデミックに至った二〇二〇年三月から一二月までに寄せられたアジア系への暴力や嫌がらせの報告は二八〇八件に上る。「中国ウイルスを持ち込んでくるな」「ウイルス、地獄に落ちろ」など、パンデミックはアジア人のせいだといわんばかりの偏見に満ちた言葉の暴力を投げかけることも多いという。（中略）

日本人が大けがをした事件もある。ジャズピアニストとして一三年間ニューヨークで活動してきた、海野雅威（うんのただたか）さんはその被害者のひとりだ。二〇二〇年九月、地下鉄の駅で、突然、八人ほどの黒人の若者グループに言いがかりをつけられ、いきなり襲われた。殴られて地面に叩きつけられ、それでも暴行はおさまらなかった。肩の骨が折れるほどの痛みと、「死ぬかもしれな

(26) https://stopaapihate.org（二〇二一年三月一五日アクセス）

© vospalej www.fotosearch.jp

い」という恐怖に襲われた。
（「アジア人はウイルスじゃない！」日本人も被害に　米国で広がる〝ヘイト〟の連鎖をどう止める？〈FNNプライムオンライン、二〇二一年三月五日〉）[27]

日本にはヘイトクライムという刑法上の規定はまだありませんが、アメリカには連邦や州によって「ヘイトクライム法」が存在します。人種差別を伴う意見や信念に基づいた犯罪行為はヘイトクライムとして、刑期が増えるなど通常の犯罪よりも重い処罰がくだされます。アメリカ以外でもイギリスやノルウェー、スウェーデンなどの北欧諸国でもヘイトクライムを規制する何らかの法律を施行しています。

またヘイト規制で有名なのはドイツです。ドイツでは、第二次世界大戦時のユダヤ人に対するホロコーストへの反省という背景、また、いわゆる極右勢力である「ネオ・ナチ」への対策として、「人種間の憎悪を挑発したり、ナチスの民族殺害犯罪を賛美し、あるいは史実として否定するような文書を作成し流布することにより、人間の尊厳を侵害した者」に対する罰則が設けられています。つまり、道路や広場など公的な場所でハーケンクロイツ（ナチス党シンボルの鉤十字）を掲げたり、ナチス万歳などを叫ぶと罰せられるということになります（参照：新恵里、「アメリカ合衆国におけるヘイトクライム規制法（Hate

Crime Law）の動向と、日本の課題」、産大法学四八巻一・二号〈二〇一五年一月〉）。

一九九四年、日本で起きた「チマチョゴリ切り裂き事件」は朝鮮学校に通う女子生徒の制服をカッターなどで破損した事件ですが、これも今にして思えばヘイトクライムそのものでした。しかしヘイトクライムは服を破損する、殴る蹴るなどの直接的な暴力行為だけを指すわけではありません。民族差別を意図した落書きや当事者を標的にした嫌がらせの手紙なども含まれます。

最近では京都朝鮮学校襲撃事件（二〇〇九年）もヘイトクライムといえますが、ヘイトクライム法がない日本では、一般の刑事犯として扱われました。しかし、京都地裁ではこれが単に名誉毀損を構成する不法行為であるだけでなく、差別を意図としたヘイトスピーチであり、人種差別撤廃条約にしたがって法を適用すると明言しています。

ヘイトクライムに厳しく対峙（たいじ）する社会であらねばならないのは言うまでもありません。

TRY!

読んでみよう。

中村一成『ルポ　京都朝鮮学校襲撃事件――〈ヘイトクライム〉に抗して』（岩波書店、二〇一四年）

(27) https://www.fnn.jp/articles/-/151985（二〇二一年八月一九日アクセス）

■差別の下支え

二〇一六年に起きた「津久井やまゆり園事件」は決して風化させてはいけない大事件ですが、単なる怨恨（えんこん）や金銭を目的にした犯罪ではなく、重度知的障害者という属性を標的にした最悪のヘイトクライムであると言えるでしょう。犯人は「意思疎通のできない重度障害者は社会のお荷物であり生きる価値がない」という身勝手極まりない「理由」で大量殺傷を行なったのです。その根源は、障害者に対する偏見や差別意識です。

第1章「今何が起きているか」（三二頁）で見てきたように、COVID-19の広がりの中で中国籍を持つ人たちへの嫌がらせが頻発し、ヘイトスピーチもあとを断ちません。しかし、それら**差別行為は突然この世に現れるわけではありません。それを下支えする私たちの社会の構造が問題**なのです。すでに述べたように、関東大震災時の朝鮮人虐殺は、大日本帝国による朝鮮半島の植民地支配という構造がありました。

そしてそうした歪んだ構造を形成する要因の一つが、影響力を持つ政治家の言動でもあります。国内では石原慎太郎元東京都知事による度々の差別発言が典型的です。陸上自衛隊練馬駐屯地で開かれた創隊記念式典で石原氏は「三国人、外国人が凶悪な犯罪を繰り返しており、大きな災害では騒擾（そうじょう）事件すら想定される。警察の力に限りがあるので、みなさんに出動していただき、治安の維持も大きな目的として遂行してほしい（二〇〇〇年四月九日）」。首都大学東京（現・東京都立大学）

の二〇一二年卒業式においては、「お隣の『シナ』は虎視眈々と日本の衛星技術を盗み出そうと企んでいる」「言っとくけど諸君ね、中国のことを『シナ』って言わなきゃだめだよ」とスピーチしています。シナという言葉は「秦（シン）」が語源といわれ、英語の「チャイナ」もそこからきています。しかし、戦前・戦中をとおして日本では侮蔑・蔑称の意味で使用されてきたという歴史が存在します。この発言には侵略戦争である日中戦争を正当化し、中国をことさら下に置き、中国人を差別する意図があります。中国や韓国に対する蔑視発言が常態化している石原氏らしい物言いだと思います。

その他にも障害者やセクシュアルマイノリティ、高齢者などに対する偏見に満ちた差別発言を繰り返してきました（石原慎太郎言動録[28]）。こうした発言が排外主義を増幅させ、中国や朝鮮半島にルーツを持つ人たちへの差別的なまなざしを形成、強化してきたのです。

コロナ禍のアメリカでアジア系に対するヘイトクライムが多発している大きな原因はドナルド・トランプ前アメリカ大統領の発言だと言われています。トランプ前大統領は二〇一五年に「メキシコは、最も優れた人は送ってこない。彼らが送り込んでくるのは問題だらけの人間で、その問題を我々の国に持ち込んでくる。ドラッグを持ち込み、犯罪を持ち込む。そして彼らはレイピスト（強姦魔）だ」など特定民族への差別発言を行なってきました。COVID-19の際にもＷＨＯの「感染症

(28) http://camelop.g2.xrea.com/isihara/isihara_kansi.html（二〇二一年五月三日アクセス）

に地域を連想させる言葉を使用しないこと」という度々の勧告にも関わらず中国ウイルスと呼び続けました。こうした態度が数々のヘイトクライムの土壌になったことは多くの専門家が指摘するとおりだと思います。

TRY!

友だちが「中国がウイルスをばらまいたんだよね」と言ったらどんな対話をするか考えてみよう。(29)

（四）差別と区別

■平均値と二分化

「差別はしていない、区別しているだけ」という発言を聞いたことがありませんか。一見「なるほど」と思いがちですが、実はここにも検討すべき重要な問題が隠されています。「差別と区別」どちらも別という文字が使われています。さてどう考えていけばいいのでしょうか。トイレや公衆浴場、更衣室などは多くの場合、男性用・女性用に分かれています。学校のマラソン大会で男女の距離が違っていませんでしたか。これらは生物学的性別（SEX）によって、区別（区分）されたものです。「（何らかの）違いによって分けること」を区別とするならば、さて、これらは正当なものでしょうか。答えはイエスでもありノーでもあります。

イエスの理由は男女の身体的特徴や身体能力の平均値が違うため、一緒にすることが不合理であることが挙げられます。とくにスポーツにおいては競争の公平性が損なわれるという問題が現実としてあるでしょう。多くの格闘技では競争の公平性や危険を回避するために、男女別に加えて、体重別に区分されていますね。

また、ジェンダー（社会的性別）観念やセクシュアリティ（性的指向）の観点から、トイレやお風呂などの場所が男女一緒であれば違和感を感じたり、嫌悪的な感情がわく場合があるから区別する、ということもあるでしょう。

とは言え、スポーツが得意な女性がいれば、逆にすごく苦手な男性もいます。平均値がそうだからといって、それはあくまで傾向であり全員に当てはまるわけではありません。男女別施設もセクシュアリティによっては、異性よりも同性にセンシティブな人もいるでしょう。よって「違いによって分けること」はイエスでもありノーでもあると言えるのです。**問題は出自や属性、民族などのグループによって不当な扱いをする差別行為**なのです。

ここでもう一つの問いが出てきます。そもそも、性別を男女で二分化して――固定的に考えていいのでしょうか。

(29) 私ならば「それはどこから得た情報なの？」という問いから始めます。そしてその情報のファクト（真偽）について検討する対話をしつつ、その人の言動に民族差別の要素があることをわかってもらうようにします。ポイントは、ファクトが曖昧な（分からない）場合は、お互いに「断定しない、拡散しない」ということです。

■DSDとXジェンダー

インターセックス（intersex）という言葉を聞いたことはありませんか。これは、「身体的性が一般的に定められた男性・女性の中間もしくはどちらとも一致しない状態」を指し、日本語では「性分化疾患」という医学用語としても使われています（正式名称はＤＳＤ〈Disorder of Sex Development/ Difference of Sex Development〉）。しかし疾患というよりは、「体の性の様々な発達」ととらえるべきでしょう。心身の発達に差異が生じるのは特殊なことではなく、男性の体・女性の体といっても一様ではなく様々な発達状態があるのです。よって最近ではインターセックス（またはそれを訳した半陰陽）という言葉を使うことは、「中性」とか「男でも女でもない人」のような誤解を広げたり、侮蔑的な印象を与えるために使用を控えるようになっています。[30]

キャスター・セメンヤさんという南アフリカ共和国出身の女子陸上選手がいます。彼女は二〇〇九年の陸上の世界大会で優勝したのち、その外形的な特徴が男性的だったために「本当に女なのか？　実は男じゃないのか？」という疑いがかけられました。そしてオリンピック協会は本人には目的を告げずに勝手に性別検査を行い、その結果彼女を女性選手とは認めないと判断し、選手としての活躍を一時閉ざしたのです。

スポーツの世界では皆「公平な競争」であることを最重視しているため、性別の線引きを無くすことは簡単な問題ではありません。しかし、私たちは当たり前のように「胸があり、子宮もある丸みのある身体が女性」「胸がなく、筋肉がつきやすい身体が男性」と認識していますが、**生物学的に男女をはっきりと区分することは実は極めて難しい**のです。それなのに「一部の人による基準」で制約を設け、他人が「女性のからだ」「男性のからだ」を決めることの危うさを、私たちは考えていく必要があります。（強調部分　筆者）
（インターセックスとは？　ＤＳＤ〈性分化疾患〉との違い【日本の現状から有名人まで総まとめ】
JobRainbow 編集部）

セメンヤさんの件は性差別だけではなく、黒人女性に対する人種差別ではないかという批判が起きました。ちなみに、こうした複合的な差別は最近のフェミニズム研究の中でインターセクショナリティと呼ばれ差別問題に重要な視点を提起しています。これは「人種や性別、性的指向、階級や国籍、障がいなどの属性が交差したときに起こる、差別や不利益を理解する枠組み（ケビン・ミノフ）」です。

（30）参照　https://jobrainbow.jp/magazine/intersexdsd（二〇二一年五月二八日アクセス）

黒人女性である法学者、キンバリー・クレンショー氏が一九八九年に発表した論文の中で初めて使い、ＢＬＭ運動が始まった二〇一三年頃から再び注目されるようになった。「例えば黒人の同性愛者の女性であったら、人種差別と性差別、同性愛者への嫌悪を同時に体験することになり、黒人男性や白人女性のレズビアンが経験する差別とは異なってくる」とミノフ氏。ＢＬＭでは、すべての黒人の権利を、フェミニズムならばすべての女性の権利について訴える必要があり、複数の差別が交差する場合は、それぞれの差別が独立した状況では起きない差別を認識することが大切だと語る。

（CHANGE / DIVERSITY & INCLUSION「インターセクショナリティ」を理解することから始める、差別のない社会への第一歩。【コトバから考える社会とこれから】BY AZUMI HASEGAWA　二〇二一年三月二六日）[31]

差別行為は出自など単独の属性で行われる場合もありますが、複合的なケースも多く、それゆえにより深刻な被害をもたらすものなのです。日本で反差別運動を行なってきた崔江以子さん（川崎ふれあい館）、辛淑玉さん（のりこえねっと）、李信恵さん（ライター）たちがヘイトスピーチの標的にされてきたのは、彼女たちが在日朝鮮人というだけでなく、女性であるという理由も大きかったのだと思います。

Ｘジェンダーという言葉を聞いたことがありますか。クロスジェンダーとも言われますが、これは自分の認識する性が「男・女」のどちらにも入らない心の状態を指します。トランスジェンダーは生まれた時の性別と生きていく上での性が一致しない状態を言いますが、Ｘジェンダーの場合は「どちらでもないんだよな〜」「男か女か決められないし、決めてほしくない」という感じでしょうか。

歌手のマイリー・サイラス（アメリカ）は二〇一五年に、自分が「パンセクシャル（相手の性別に関わらず、全ての人を好きになる）」であると明らかにしています。彼女は、インタビューの中で自分自身の性について意識するようになったのは五年生か六年生くらいの時で、最初の恋人は女の子であり、バイセクシャルという言葉は、自分を箱の中に閉じ込めるような気持ちになるから嫌いで、男の子か女の子、どちらかの性になりたいと考えたことはなかったと答えています。[32]

二〇二一年六月には、宇多田ヒカルさんがインスタグラムで、自分はノンバイナリー（自身の性自認を男性・女性という一般的な枠組みに当てはめないこと）だと告白しました。宇多田さんは、６月は世界各地でＬＧＢＴ関連イベント目白押しのプライド月間であることに触れ、「私はノンバイナリー。だから、ハッピープライド・マンス！」とサラッと明かしたのです。

（31）参照　https://www.vogue.co.jp/change/article/words-matter-intersectionality（二〇二一年五月二八日アクセス）
（32）https://www.huffingtonpost.jp/2016/10/13/miley-cyrus-opens-up-pansexual-gender-neutral_n_12481506.html（二〇二一年八月二九日アクセス）

セクシュアルマイノリティはLGBTというカテゴリーで語られることが多いわけですが、ヘテロ以外のセクシュアリティがLとGとBとTの四つに分類できるわけではありません。また、性そのものも、「マジョリティ（多数派）であるヘテロセクシュアル（異性愛）、シスジェンダー（割り当てられた性別と性自認が一致）」と「マイノリティ（少数派）であるLGBT」に二分されているわけでもありません。セクシュアリティはグラデーションであり、そのあり方は人それぞれであり、人の数だけあるのです。よって、近年はSOGIという表現も使われるようになりました。これは**Sexual Orientation and Gender Identity** の頭文字で性的指向と性自認の総称であり、すべての人間がその対象となる概念です。

使い方としては、「固有な性的指向や性自認によって不当に扱うことはSOGIハラスメントである」などが多いです。またSOGIEとしてE＝ジェンダー表現（Gender Expression）が付け加えられることもあります。さらに身体の性的特徴（Sex Characteristics）を加えた、SOGIESC（ソジエスク）と表記される場合もあります。

とはいうもののこうした考えはまだ普及しているとは言えません。全体的に社会の意識は低く、DSDにしてもXジェンダー、パンセクシュアルにしても、「フツー」と違うことで、社会生活を送る上で様々な困難を伴う事例が報告されています。私たちは性別を男女で二分化して——固定的に考えること、男女という二分法でモノを考えることを見直すべき時期に来ているのではないでしょうか。

TRY!
「ＮＰＯにじいろ学校用語一覧」を読んで、多様な性のあり方を学んでみよう。
きっと驚くでしょう!!　https://www.nijikou.com/用語一覧/

■差異と不当な扱い

　ここまで見てきたように、様々な差異（違い）を合理的な理由で区別することはあり得ます。しかし、**差異をもとにして不当な扱いをすれば差別になります**。しかし、その線引きは見てきたようになかなか難しいものなのですが、どうとらえればいいかというヒントはたくさんあります。実際の例で考えてみましょう。

　私が子どもの頃、野球というスポーツは男子しかやっていませんでした。しかし、女子野球というカテゴリーが出来、今は中学校の野球部にも女子が参加する時代になりました。そして二〇〇八年には、一七歳でプロ野球の独立リーグに合格し、女性プロ野球選手として「ナックル姫」のニックネームで活躍した吉田えりさんも登場しました。

　中学校の教員になったのは、一九八二年のことですが当時からずっとクラス名簿は男女別でした。しばらくすると（と言っても一〇年近くたってからですが）、「これは必要のない区別なのではないか」という意見が出されました。その時、職場で議論になったのは、「体育や保健指導の時に別名簿でないと困る」「クラス編成も男女の数（バランス）で編成している」という別名簿支持の意見とともに「名簿は男女別でもいいかもしれないが、名簿はなぜ男子が先に掲載されているのか。そういうことが問題なのではないか」という本質に切り込んだ意見が出されたのです。結論として「別々にする合理的な理由はない。むしろ、このままにしておけば常に男子が優位という誤った社会的メッセージを発し続けることになる。別名簿が必要ならば事務的に別途作成することで問題はない」ということで、男女混合名簿に変わりました。そして、わずか数ヶ月で私たちは混合名簿に慣れて、それがアタリマエになったのです。私はその時「どうして男女別名簿をやめたのかを子どもたちに伝えるべきだ」と発言し、全教職員がうんうんうなって説明の理屈を改めて考えたのでした。

あなたが教員で混合名簿に変更することが決まったとしたら、子どもたちにどんな説明をするか具体的に考えてみましょう。[33]

■差異をなくす？

例に挙げた野球もそうですが、何らかの差異によって区別されていた垣根が少しずつ取り払われています。区別が必要ないこと、あること自体が害になる垣根はどんどん取り外すべきでしょう。とは言え、気をつけたい重要なポイントがあります。実は、**差異をなくすこと**（**言い換えれば区別**

しないこと）と差別をなくすことはまったく違うということです。小林健治さんは次のように述べます。

> 差別をなくすことは、逆に差異を尊重し、認めることを意味しています。つまり平等は差異を認め合う関係にほかなりません。（『差別語・不快語』二八頁）

世界に自分と同じ人間は存在しません。誰もが独立した個性をもった人間です。差異があるのは自明です。差別をなくすためには「差異すなわち異なる他者である誰かの存在を否定しないこと、そして不当に扱わないこと」、つまり差異を尊重し認め合うことが根底になければなりません。第１章で人権は「誰もが生まれながらにして持っている人間として幸せに生きていくための権利」と定義しました。そのためにも、差異がある（みんな違うんだ）というアタリマエのことをもう一度認識する必要があります。

（33）私は、男女で分けることによって起きていた様々な弊害、名簿に男子が先に掲載されていた問題などを具体的に挙げながら、女性の地位が歴史的にどのように変化し、現在どのような問題が残っているのかを子どもたちの発達段階に合わせて話していきました。「みんなはどう思う？」という問いと対話的姿勢を大切にしつつです。

TRY!

次の例は区別として合理的かどうか、その理由と共に書き出してみましょう。[34]

A：企業が被差別部落出身の人を雇わない
B：健康診断は男女別に行う
C：職業を呼ぶ時に女子アナ・女医と表現する
D：仕事とプライベートは切り離して生活する

本題に戻りましょう。「差別はしていない、区別しているだけ」という言葉をどう捉えればいいのでしょうか。こういう場合、誰がどんな立場でどういう文脈で発しているのかを見ることが大切です。ほとんどの場合、差別している人、またはそれに加担している人が言い訳として用いています。[35]繰り返しになりますが、差別は他者の尊厳を傷つけ、社会の公正（フェアネス）を毀損することであり、差異を理由に不当な扱いをすることです。不当な扱いをしている人たちがそれを正当化するロジック（理屈）として、使われている場合が多いのです。「差別と区別」みなさんはどう思いましたか。

TRY!

熱狂的なカープファンの店主が経営する居酒屋に「広島ファン以外はご遠慮ください。とくに巨人ファンの方は入店を固くお断りします」という張り紙がありました。これは差別？　区別？　その理由もふくめて考えてみましょう。(36)

(34) A：出自によって不当な扱いをしているので明らかな差別　B：学校で言えば発達段階によっては分けないと恥ずかしがる子どももいるので不合理とは言えない。そもそも身体はプライベートなものなので、男女別というよりも各人の身体的プライバシーを確保できるようにすべき　C：まったく必要がない区別で、ジェンダーバイアスを強め職業差別を強化するので言い換えるべき　D：自分自身で判断するため、まったく問題のない区別

(35) 「LGBTの人たちは子どもを産まないから生産性がない」という発言で批判を受けた杉田水脈衆議院議員（自民党）は、日いづる国（日本文化チャンネル桜二〇一五年六月五日）の中でのLGBT支援法は要らないという主張の中で「そんなものは必要ないと言うと批判されるが、これは差別ではなくて区別なんです」と発言しています。

(36) これは意見が分かれるところかもしれませんが、差別とは言えないケースだと思います。なぜなら、これは基本的に個人に属する趣味嗜好の問題であり、巨人ファンは「他に行く店がたくさんあるから」であり、「巨人ファンを拒否する＝その人を貶めている」とまでは言えないからです。これが「●●人はお断り」とは違うところですね。例としては少しズレてしまうかもしれませんが、かつて主催した反差別の集会に妨害に来る人が予想できました。「会の趣旨に反する言動をとること、また許可なく撮影をする人は参加できません」など主催者として入場を制限したことがありました。これなどは合理的な区別だと思います。

2. 森発言を分析する

「はじめに」で紹介した東京オリンピック・パラリンピック大会組織委員会の森喜朗会長（当時）が日本オリンピック委員会（ＪＯＣ）の臨時評議員会で発言した内容はどこに問題があったのか改めて考えてみたいと思います。約四〇分の会見の中でとくに問題になったのは以下の部分です。

これはテレビがあるからやりにくいんだが、女性理事を四割というのは、女性がたくさん入っている理事会、理事会は時間がかかります。これもうちの恥を言います。ラグビー協会は倍の時間がかかる。女性がいま五人か。女性は競争意識が強い。誰か一人が手を挙げると、自分もやらなきゃいけないと思うんでしょうね、それでみんな発言されるんです。結局、女性はそういう、あまり私が言うと、これはまた悪口を言ったと書かれるが、必ずしも数で増やす場合は、時間も規制しないとなかなか終わらないと困る。そんなこともあります。

私どもの組織委にも、女性は何人いますか。七人くらいおられるが、みんなわきまえておられる。みんな競技団体のご出身で、国際的に大きな場所を踏んでおられる方ばかり、ですからお話もきちんとした的を射た、そういうご発言されていたばかりです。

まずは、「問題だな?!」と思える箇所に線を引いてみよう。

では、私が引っかかったところを引用しながら議論を深めていくことにします。

■問題点と解説

これは①テレビがあるからやりにくいんだが、女性理事を四割というのは、②女性がたくさん入っている理事会、理事会は時間がかかります。これも③うちの恥を言います。ラグビー協会は倍の時間がかかる。④女性がいま五人か。女性は競争意識が強い。誰か一人が手を挙げると、⑤自分もやらなきゃいけないと思うんでしょうね、それで⑥みんな発言されるんです。結局、女性はそういう、あまり私が言うと、これはまた悪口を言ったと書かれるが、必ずしも⑦数で増やす場合は、時間も規制しないとなかなか終わらないと困る。そんなこともあります。

私どもの組織委にも、女性は何人いますか。七人くらいおられるが、⑧みんなわきまえておられる。みんな競技団体のご出身で、国際的に大きな場所を踏んでおられる方ばかり、ですからお話もきちんとした的を射た、そういうご発言されていたばかりです。

①テレビがあるからやりにくい

問題点 「公に知られるとまずいことをこれから言う」という確信犯である。もっと言えば、「ここからの発言は私の本音です。中には誰かから批判されるような内容を含みます」という宣言でもある。

解説 日本オリンピック委員会（ＪＯＣ）の臨時評議員会は公のものであるという自覚が欠如していると思います。公とは「公共」であり、公共はみんなの税金を使って運営されているものを指し、公職者はみんなに責任を持った発言をしなければならない立場にあります。森氏は東京オリンピック・パラリンピック大会組織委員会の会長というれっきとした公人であるにも関わらず、評議会を私物のように思っている。組織委員会の会長——公人としての立場は、多様性を重んじ、差別にノーを掲げる「オリンピック憲章（以下）」に基づいて振る舞われなければならないにも関わらず。

オリンピズムの根本原則

六．このオリンピック憲章の定める権利および自由は人種、肌の色、性別、性的指向、言語、宗教、政治的またはその他の意見、国あるいは社会的な出身、財産、出自やその他の身分などの理由による、いかなる種類の差別も受けることなく、確実に享受されなければならない。

TRY!

オリンピック憲章を読んでみよう。
https://www.joc.or.jp/olympism/charter/pdf/olympiccharter2021.pdf

②女性がたくさん入っている理事会、理事会は時間がかかります

問題点　自分の断片的な経験則だけを根拠に、「女性は話が長い」と決めつけている。

解　説　性別や出自・属性で人をひとくくりにする**ステレオタイプ（固定観念や思い込み）は、差別思想の根底にある**ものです。この場合は、森さんの限られた体験と伝聞から、女性をひとくくりにして、女性がいると「時間がかかる」とジャッジしています。

③うちの恥

問題点　ラグビー協会で会議の時間がかかったことを女性のせいだと決めつけた上で、それが恥だというスティグマ（烙印（らくいん））を貼っている。

解　説　しかし、そもそも会議で時間がかかることは悪いことなのでしょうか。「グズグズ言わないで、俺の言う通りにすれば（従えば）いいんだ」という家父長的な匂いがする発言に思えます。どうしてこういう発言が出てしまうのかは、次の章で述べますが、武蔵野美術大学教授の志田陽子さん（憲法、芸術関連法・日本ペンクラブ会員）は「議」という字にふさわしい議論をするのが評議員の本来の仕事であり、きちんと仕事しようとする人々を困りもの扱いにするのはハラスメントですらあると述べています。同感です。

仮に、無駄に長い発言をして議事進行上「困る」人が個別にいるとしてもそれを「女性」や人種のような属性に帰すべきではない。それをやるのが「差別」や「差別発言」なのです。(わきまえず向き合うべき「公共」――失言批判を超えて[37])

④女性がいま五人か。女性は競争意識が強い。

問題点 女性「が」いま五人「か」。女性「は」競争意識が強い。この助詞の使い方に女性を下にみている意識がある。

解説 この「が」「か」「は」はどういう意味でしょうか。「女性はいま五人です」とどこが違うのでしょうか。この微妙な日本語のニュアンスの違いに、女性を下にみている印象を受けるのは私だけでしょうか。この「が」「か」には、呆れるとか要らないというニュアンスを感じます。それに反して「は」は断定的な言い回しですね。「神は細部に宿るGod is in the details.」という言葉があります。この言葉は色々な解釈がありますが、「物事の本質は枝葉にこそ現れる」という意味だとすると、まさにこの「が」「か」「は」に、森元会長の本質(本音)が現れているのではないでしょうか。それは「女性は不要・めんどくさい」という蔑視感情の発露のように思えます。

⑤自分もやらなきゃいけないと思う

⑥みんな発言されるんです。結局、女性はそういう

問題点　これまでと同様に森氏の根強いステレオタイプ思考が現れている。

解　説　誰か一人が手を挙げると自分も発言しなければならないと思う男性はいないのでしょうか。私などはまさにそのタイプです。最初は立場上、あえて黙っていようと思って臨んだ会議でも、重要なトピックが出された場合、発言した人に触発されて勇気をふりしぼって発言することもあります。

　また、ここには発言自体が迷惑であるという思想が見え隠れします。つまり「女は黙ってろ」「黙って（男に）従えばいいんだ」と言っているようなものではないでしょうか。よって以下のような時間を規制する必要ありの発言が生まれるんでしょう。

⑦数で増やす場合は、時間も規制しないとなかなか終わらないと困る

問題点　結局、女性がいること自体が組織的に困ったことだという考えが根底にある。

解　説　極論を言えば、「この社会に女性はいないほうがいい、またはいてもいいが、それは男性の補完としての役割なのだ」と主張しているのではないでしょうか。そして以下で話はまとめられます。

（37）https://news.yahoo.co.jp/byline/shidayoko/20210228-00224358/（二〇二一年八月一八日アクセス）

⑧**みんなわきまえておられる。**みんな競技団体のご出身で、国際的に大きな場所を踏んでおられる方ばかり、ですから**お話もきちんとした的を射た、そういうご発言されていた**

さてここはどう読みときますか。実はこの発言のあとにTwitterでは「＃わきまえない女」というハッシュタグがトレンドの一位になりました（東京新聞WEB『＃わきまえない女』がTwitterトレンド一位に」二〇二一年二月四日）。また街頭の抗議活動では「私はわきまえない」というプラカードが掲げられたのです。

TRY!

「私はわきまえない」にはどういう意味があるのでしょうか。そしてそれがなぜ掲げられたのか考えてみましょう。(38)

■社会構成（構築）主義

みなさんは、「社会構成（構築）主義」という言葉を聞いたことがありますか。哲学や社会学の発展の中で生まれた概念ですが、私なりに言い換えると「社会は誰かが問題だと言わないと問題として取り上げられることはない」ということになります。つまり「わきまえて」、問題があっても発言しない人だけになると、問題は問題として座らない。つまり、なかったことになってしまうわけです。自分本位の自己主張をはじめとして、なんでも「文句」や意見を言えばいいというわけではありませんが、必要なことはきちんと発信していくことが大切なのです。

また、森さんの言う「わきまえる」はどういう意味を含んでいるのでしょうか。辞書的な意味は次の三つです（https://www.weblio.jp/content/わきまえる「デジタル大辞泉」）。

1 物事の違いを見分ける。弁別する。区別する。
2 物事の道理をよく知っている。心得ている。
3 つぐなう。弁償する。

本来、わきまえるというのは肯定的な意味なのですね。しかし、日本語では一般的に「身の程をわきまえなさい」、「（身）分をわきまえるべき」などの使われ方が多く、地位や年上など権力的に上にある人が、下の人に向かって発する、つまり「黙って従いなさい」という抑圧的なニュアンスになっています。ちなみに、英語に「わきまえる」という直接的な単語はありません。前後の文脈と関連させながら discriminate や undersatnd 、know などが使われます。全発言を通してみれば

(38) あなたの主張は女性差別なのでそれを「わきまえる」ことは差別の容認であり加担することだから「わきまえない」ことで、私たちは差別に反対しますというメッセージだったと思います。もっと分かりやすく言えば「ふざけんなよ」「言いなりになってたまるか」という抗議の声でしょう。

森さんも「身の程をわきまえなさい」という意味で使っていると思われます。

そして、女性は競争心が強く、話が長いがここにいる人は「お話もきちんとした的を射た、そういうご発言されていた」特別な人たちで、すべからく女性はそうあらねばならないというメッセージであることは疑う余地もないでしょう。「私はわきまえない」と抗議した女性たちの多くは、常に自分たちが社会の中で感じてきた抑圧的なメッセージと同じものを森発言から読み取ったのだと思います。差別問題というのは、傷つけられてきた当事者ほど敏感に感じとるものです。

■悪気はない?!

以上が私が考えた森発言の問題点ですが、その他にも様々な論点があると思います。みなさんも深堀りして考えてみてください。

そして、大切な視点がもう一つ。**森さんは特別な人ではない**ということ。この発言は報道によれば、その場では誰もとがめることなく、それどころか会場には笑いが起きたのです。もちろん、その会場の空気や組織トップの発言であるという一種の重さもありますから、即時的に声を上げなかったからといってその場にいる全員が一連の発言を支持したわけではないと思います。しかし、残念ながら「この発言はオリンピック精神に逆行する」などときちんと批判したＪＯＣの理事は、山口香さんなどごく少数でした。

それどころか、大手メディアの情報番組やバラエティなどでは「目くじらを立てすぎ」「何も言えない窮屈な世の中になった」「森さんに悪気はなかったのだから許すべき」など、発言を擁護したり論点をすり替えるコメントも少なからず見られたのです。

こうしたことから、「森喜朗というシニア男性が発した個人的で特殊な発言」ととらえることは間違っていると思うのです。**森発言は私たちの社会の中に根強くある女性蔑視、ジェンダーバイアスを可視化したもの**だと言えるでしょう。森さんは会長職を退きました。それはそれで公職者としての責任を取る上で必要なことだったとは思いますが、辞職したから問題は解決したということではないですね。それればかりか、「森さんしかまとめられる人はいなかった」「一番大事な場面で森さんがいなくなってしまったので、現場が混乱している」などの声もあったようです。それらは民主主義とは何か、リーダーとはどうあるべきかという根本的な問いが欠落している私たちの社会のありようを写しています。

問われているのは、森発言なるものを生み出し容認してきた私たちの社会そのものなのです。では、なぜ森発言が生まれてきたのか、そしてそれが続いているのか、その要因を考えてみましょう。

3．森発言が生まれるところ

ここでは心理的な側面と社会的な側面から森発言が生まれるところを考えていくことにしま

しょう。

（二）心理的要因―マンスプレイニング

マンスプレイニングという言葉を聞いたことはないでしょうか。man（男）＋explain（説明）の合成語です。この言葉は、アメリカ人作家のレベッカ・ソルニットが著したエッセイ（二〇〇八年）から広まりました。女性は自分（男性）より無知であるとして男性が上から目線で「エラソウ」に女性に様々な説明・解説、アドバイスなどをおこなうことを言います。ひらたく言えば自分の持っている知識を披露したい「教えたがりおじさん」ですね。

一例をあげましょう。二〇一六年は安保法制（戦争法）反対の国会前アクションに、SEALDs（シールズ：Students Emergency Action for Liberal Democracy-s）[39]をはじめとして多くの学生たちが参加していました。そこには女性（高校生・大学生）も含まれており、それまで若い女性が社会運動の先頭に立つことはあまりなかったため、スピーチや言動に大きな注目が集まり、連日メディアでも紹介されました。

私はその期間、国会前でデモのリーガル（交通整理や警備等）をしていたので、彼女たちのスピーチをリアルタイムで聞いていました。それらは胸を打つものが多く、私もシニア男性として襟をただされるようなものばかりでした。[40]しかし、スピーチが終わると、デモ参加者の中高年男性数人から「もっとこういう観点を入れたほうがいいよ」「あの話し方では伝わりにくいから、〇〇したほうがいい」「今日の話は●●が欠けていましたね。もっと歴史を学んだほうがいい。この本を読んでごらん」などの「アドバイス」が、ある時は直接、ある時はSNS上で展開されたのです。中には「今日の服装はちょっと品位に欠けていたから、注意しないと支持を得られないよ」みたいなものまであったようなのです。典型的なマンスプレイニングですね。

TRY!

読んでみよう。

レベッカ・ソルニット『説教したがる男たち』（左右社、二〇一八年）

ダンサーの鈴木まど佳（まどぅー）さんのブログからもう一つ有名な事例をあげておきましょう。

男性が女性に「マンスプレイニングって知ってる？」と聞き、その女性は「はい、知っています」と答えたのにも関わらず、

男性が「マンスプレイニングっていうのはね～」と説明し始めるんです。

（39）https://www.sealds.com

（40）【スピーチ全文掲載】「二度と繰り返してはならない。このために私は行動するのだ」——戦争体験者から受け継いだ「命」と「意思」～SEALDs 長棟はなみさん、終戦の日前夜、国会前スピーチ　https://www.youtube.com/watch?v=5pBnqBX1HK8

(https://madokasuzuki.com/mansplaining/　鈴木まど佳〈まどぅー〉)

なぜこれがマンスプレイニングの事例になるのか説明してみましょう。(41)

これらは、相手のためによかれと思って「　」つきの親切心から行われることが多いわけですが、根底には相手を支配したい（上に立ちたい）というマウンティングの心理が隠れています。そこには「女性は自分（男性）より無知であり、劣っている存在である」という根強い偏見があります。もちろん、男性がみんなそうだというわけではなく、同様のことは同性に対しても行われることもありますが、圧倒的に男性から女性に向けられることが多いので一般的なハラスメントやマウンティングとは区別してマンスプレイニングと名付けられているのです。森さんの発言もマンスプレイニングの一種かもしれません。ではなぜ、このようなことが起きるのでしょうか。もう少し突き詰めて考えてみましょう。

以下の記事を読んでみよう「マウンティングの意味とは？　マウントを取る人の心理・特徴・対処法を解説」(https://smartlog.jp/149765)

(二) 社会的要因―ジェンダーという構造

第3章「(四) 差別と区別」で説明したように (九二頁)、人間の性は大別すると生物学的な性（SEX）と社会的な性 (gender) ですが、それを取り上げながら考えていくことにしましょう。ジェンダーとは「社会的につくられた約束事としての性別」と言えます。

「男の子なんだからいつまでもメソメソしないの」「女の子なんだからお行儀良くしなさい」などの言葉は日常的に使われていますね。ある意味の励ましである一方、抑圧のメッセージになっていることがわかるでしょう。これらがジェンダーバイアス (偏見にもとづくまなざし) です。

フランスの作家でフェミニズム研究の先駆者であるシモーヌ・ボーボーワールは「人は女に生まれるのではない、女になるのだ (第二の性)」という有名な言葉を残しています。逆に言えば男も「男に生まれるのではなく男になる」とも言えるでしょう。

弁護士の太田啓子さんは『これからの男の子たちへ』(大月書店) という本の中で、弱音を吐かず、タフで勇敢なことは悪いことではないが、繊細で優しくおとなしい気質の男の子にとっては、自分の個性を否定的に感じてしまう危うさ「有害な男らしさ」について述べています。

---

(41) そもそも「知ってる?」という聞き方に潜む上から目線。そして「知っています」というのに、更に解説するというのは「あなたは本来の意味を知らない人」という含意があり、対等な関係性ではないことが分かります。例えば会社で自分の上司や社長にこんな言い方をするでしょうか。

社会の中で「男らしさ」として当然視、賞賛され、男性が無自覚のうちにそうなるように仕向けられる特性の中に、暴力や性差別的な言動に従ったり、自分自身を大切にできなくさせたりする有害な性質が埋め込まれている。（同書二一―二二頁）

「男はこうあらねばならない」と「女はこうあるべきだ」は裏表の関係であり不可分です。先に見た「（女は）わきまえる」という森発言も、この社会に根深くはびこるジェンダーバイアスから生まれたものと言えるでしょう。私たちは生きている以上、社会の空気やあり方に影響を受けざるを得ないのです。**自然に心の中に生まれたと思っているものの大半は生み出されているもの**であるという自覚が必要でしょう。その自覚があれば、古く抑圧的な意識をアップデートしていくことは可能です。

この問題について、もう一つ例をあげておきましょう。斉藤章佳さん（精神保健福祉士）は『男が痴漢になる理由』（イースト・プレス、二〇一七年）の中で、痴漢を突き動かしているものは性欲だけとは言えず、根底には暴力的な支配欲があると分析しています。そして痴漢をはじめとする性犯罪者の特異性が強調されることが多いが、加害者の大半は「どこにでもいるごく普通の男性である（同書三一―三二頁）」と述べています。

そして「痴漢として生まれてくる男性はいません。痴漢になりたくて生まれてきた男性もいません。彼らは社会のなかで、みずから痴漢になるのです（同書五頁）」という重要な指摘をしています。痴漢を生み出す社会のありようについては、仕事・人間関係・ストレスや満員電車などが事例として挙げられていますが、その中でも注目すべきは、「有害な男らしさ（太田啓子）」だと思います。それが女性に対する暴力と支配の根源にあるのかもしれません。ではなぜ、有害な男らしさがいまだに根強いのか考えてみましょう。

TRY!
斉藤章佳『男が痴漢になる理由』（イーストプレス、二〇一七年）を読んでみよう。

（三）家父長制という根っ子

家父長制（度）という言葉はあまり馴染みがないかもしれませんが、大切な概念なのでここで取り上げます。「家父長権をもつ男子が家族員を統制・支配する家族形態（『社会学事典』一九八八年）」のことです。簡単に言えばお父さんが一家の主（あるじ）として君臨する風習または仕組みですね。その萌芽はかなり古く紀元前の古代ヨーロッパ（ローマなど）です。そこでは家父長（おもに父親である男性）が家（共同体）に関する絶対的な権限を持っていました。財産や奴隷はおろか家族の命も自由に扱ってもよいという考え方であり制度です。これはその後も形を変えながら、社会の規範のひとつになっていきます。近代国家が誕生すると、国の基本方針の中にこの考え方が組み込まれます。日本で言えば、戦国時代に代表される封建的な様々な仕組みが明治憲法に引き継がれ、家長（戸主）や長男に絶対的な権限が与えられる家（イエ）制度が作られていったのです。家長の許可なく結婚も転居も許されることはありませんでした。そして、こうした制度から生まれた思想が「常識」となって人々の間に広まり、社会の道徳や倫理観となって根付いていきました。

戦後、日本国憲法の制定によって、家制度そのものは廃止されましたが、その名残りは制度面のみならず、私たちの社会に根を下ろしています。その根本にあるのは「男性が上で女性は下である」という考え方に他なりません。マンスプレイニングやジェンダーバイアスが再生産され続けている根っ子は、この家父長制だと言っても過言ではないでしょう。また、「男は外で働く、女は家事や子育てをする」そうした性別による固定化した役割分業の影響が「誰が食わせていると思っているんだ」などの女性へのハラスメントやＤＶを生んできたのでしょう

これらは古代社会から連綿と続いてきたものだとすると、この根っ子は私たちが思うより深く、抜くのは容易ではありません。とは言え、「どんな難問にも、必ず答えはある」（池井戸潤『下町ロケット』小学館文庫）ように、抜けない根っ子はないと私は思います。そして少しずつではありますが世の中も変わりつつあります。

例えば、本格的に議論されはじめた選択的夫婦別姓制度がそうですね。朝日新聞が二〇二〇年に実施した全国世論調査では賛成が約七割となっています（朝日新聞デジタル「選択的夫婦別姓、賛成六九％　五〇代以下の女性は八割超」二〇二〇年一月二七日）。同性婚についての世論調査も法律で

「認めるべきだ」が六五％に上り、「認めるべきではない」の二二％を大きく上回っています（二〇二一年三月二三日）。二〇一〇年にはイクメンという造語が生まれ、この年厚生労働省が男性の子育て参加や育児休業取得の促進等を目的としたイクメンプロジェクトを始動させたなどの動きもあります。ただしイクメンという言葉には違和感があります。イクメンとは、育児をするメンズの略語で「子育てを楽しみ、自分自身も成長する男性のこと」だそうですが、従来女性が担ってきた家事や育児を男性がやると「エライ」と称賛されること自体がおかしなことだと思います。

それはそれとして様々な分野で家父長制の制度的名残や思想とたたかっている人たちがいます。そしてそんな動きがゆっくりではありますが、着実に私たちの社会を進歩させているのです。家父長制という根っ子を抜くことは、女性だけでなく「有害な男らしさ」に苦しむ男性たちのためにも必要なことではないでしょうか。

「有害な男らしさ」の具体例をいくつかあげてみましょう。(42)

（42）・宴会の席で「なんだ男のくせに酒も飲めないのか」とアルコール強要による飲酒事故（アルコールハラスメント＝アラハラ）・「男のくせに男が好きなんてありえない」というＳＯＧＩハラ　・「男なら死ぬ気でやれ」「男なら泣くんじゃない」などの間違った励まし　・「彼は筋骨隆々で男らしいのに、あいつはなよなよしていて気持ち悪い」などの身体いじりなど。ここでは事例として４つ挙げましたが他にも沢山あると思うので、各自考えてみてほしいと思います。

(四) フェイクニュースとリテラシー

この章の最後、リテラシーについて考えていきましょう。リテラシーとは、本来は読み書きの能力という意味ですが、最近はＩＴの進歩にしたがって情報の読み解き方の意味に変わってきました。情報リテラシー、ネットリテラシー、メディアリテラシーなどの言葉もあります。さらに広く解釈してここでは「ものの見方・考え方」という意味で使いたいと思います。

今まで見てきたように、森発言の「女はこうである」というようなステレオタイプは、自身の限られた経験・情報がすべてであるような認識で作られます。これもまたリテラシー「ものの見方・考え方」の問題だといえます。偏見という言葉はその文字のとおり偏った見方です。偏見が差別を生み、差別がまた偏見を強化していきます。これがあらゆる差別の根底にあると言ってもいいでしょう。

前項で『男が痴漢になる理由』を引用しながら、痴漢という性犯罪について触れました。痴漢行為は性欲だけで片付けられるものではなく支配と暴力が根底にあるというわけですが、もう一つの要素として**認知の歪み**という問題があります。斎藤さんは加害者の証言から「露出の多い服を着ている女性は痴漢をされたいと思っている」などの事例をあげて「女性も喜んでいると思った」という自己正当化を目的――合理化する歪んだ認知について取り上げています。ＡＶ（アダルトビデオ）などに見られる痴漢ものなどのコンテンツが、そうした歪みを強化しています。虚構（フィクション）の世界を現実世界と勘違いしているとしたら、リテラシーに相当大きな問題があると言わざるをえません。もっとも、リテラシーが低いということだけではなく、差別の合理化で述べたように、「自分の加害行為」に気付いていても、それを正当化する手段（認知的不協和の解消）としているという側面もあります。

「アダルトものは、性のうちの、セックスという一部分だけを切り取ったものです。見る側の性的な興味関心を満足させて、作る側がお金をかせげるように、その多くは、オーバーな表現で刺激的な内容になっています」と書いています。それを裏付けるように、〝性〟を真面目に考えよう　相談大歓迎！『パーフェクトH』という番組の中で、加藤鷹さん（AV俳優）は「AVは（あくまで）エンターテイメント」と発言しています。加藤さんは、「大人は、中高生など若い世代に対して、あくまでアレ（アダルトビデオ）は作り物だということをちゃんと伝えてほしい」と言っているそうです。映画の「ハリーポッター」、「スターウォーズ」では、ありえない魔法やフォース（超能力）が駆使され、「クローズゼロ」などの学園モノでは、過激なケンカ（暴力）シーンも出てきます。しかし、あれが現実だと思う人はいないでしょうし、再現しようともしないでしょう。

若いみなさんには、現実とフィクション（作り物）をしっかりと区別し、目の前の相手の気持ちを尊重した「良い」関係を作ってほしいと思います。

（山下敏雅・渡辺雅之『どうなってるんだろう？　子どもの法律』〈高文研、二〇一七年〉一一六頁）

以下の動画を見てみよう。年齢は問わず多くの人にぜひ見てほしい動画ですが、若い世代にはとくにオススメ！　「性行為の同意を紅茶に置き換えて下さい！」(https://www.youtube.com/watch?v=KXgaD-0Ara8)

また、ＡＶだけが問題なのではありません。社会全体にある「ものの見方・考え方」の影響を考えなければなりません。斎藤さんは「社会から男尊女卑の概念がなくならないかぎり、そこにある認知の歪みも是正されることはなく、性暴力加害は再生産され続けます（同書一〇一頁）」と述べ、社会の根幹にある女性差別にするどく警鐘を鳴らしています。

もう少し続けましょう。二〇一一年東日本大震災の時、被災した人が自分の会社の備品を確認している写真に「これは震災時に女川の水産工場で働いている●●人が金品を漁っている写真らしい。遺体の金品も平気で抜き取ってたとか」「○国は糞食い、乞食国家。○ョンは地球から消えろ」など、書くのもはばかれる憎悪に満ちた民族差別ツイートがなされました（●●、○は筆者によるマスキング）。そしてこれが、またたくまに拡散（リツイート）されていったのです。言うまでもなく、これは悪質なデマに過ぎません。情報を疑うことなく脊髄反射的に広がったこれらのデマ。まるで一九二三年関東大震災の時に広まり朝鮮人虐殺のきっかけになった流言飛語の再来でした。

読んでみよう。加藤直樹『TRICK トリック「朝鮮人虐殺」をなかったことにしたい人たち』（ころから、二〇一九年）

そして、このようなデマに基づいたフェイクニュースはいまだに後を絶ちません。例えば二〇二〇年のアメリカ大統領選挙をめぐる情報はその典型でした。ＳＮＳを中心に「バイデン陣営は大規模な不正選挙を行った」「バイデンとその側近はまもなく逮捕される」「トランプが戒厳令を出して、大統領に復活する」などのフェイクニュースがあふれたのです。これらは「闇の勢力が世界を支配している」などの陰謀論と深く結びついており、日本にもそれを信じ拡散する「ジャーナリスト」や作家なども現れたのです。それらの人たちは、陰謀論を唱えるアメリカのＱアノンをもじって、日本ではＪアノンなどとも呼ばれました。

COVID-19——新型コロナウイルス感染症についての陰謀論も拡散されています。「COVID-19は某国がつくった生物化学兵器である」「ワクチンは〇〇によって世界人口削減の目的で広まっている」「コロナワクチンには5Ｇのチップが埋め込まれている」などですね。日本ももちろん例外ではありません。二〇二〇年一月一六日に国内初の新型コロナ感染者が確認されると「トイレットペーパーがなくなる」「お湯を飲めば感染を防げる」などさまざまな流言、デマ、陰謀論が広がりました。

中には行政府の長が「うそのような本当の話をする」と強調した上で「ポビドンヨードのうがい薬を使うことで、このコロナにある意味、打ち勝てるんではないかとすら思っている」と公式な場で発言し、のちに大きな批判を浴びました（大阪府吉村洋文知事緊急記者会見 二〇二〇年八月四日）。「あの店で感染者が出た」というような誤情報があっという間に広がって甚大な風評被害をこうむった店舗も現れました。

評論家の荻上チキさんは、流言・デマ・陰謀論の違いについて、次のように述べています（コロナ禍の流言とデマ・陰謀論[43]）。

> 正確にいえば、「流言」は根拠が不確かでありながらも広がってしまう情報、「デマ」は政治的な意図を持ち、誰かをおとしめるために流される情報を指します。「陰謀論」は、ある出来事や状況が、個人や組織の陰謀によって意図的に起こされたと考えるものです。

このような言説は、様々な場所で差別に直結します。いやむしろ差別する理由として持ち出されるといってもいいでしょう。流言・デマ・陰謀論から「某国や○○はけしからん」から「出ていけ」「殺せ」にエスカレートしていくのです。そしてこれはネット右翼（ネトウヨ）と呼ばれるような人たちだけでなく、いわゆるリベラルと呼ばれる進歩的な考えを持つ人であっても同様です。**陰謀論やフェイクニュースは差別と親和性が高い**のです。私たちにいま大切なリテラシーとは、流れてくる情報に簡単に飛びつかないことであり、情報の根拠（ソース）を確かめる（調べる）態度です。

私たちは、原因が分からないもの、起きた事象に納得できる理由が見つからない時に、不安や気持ち悪さを覚えることがあります。それを解消しようとするのは人間の心理でもあるため、自分の信じたい情報だけ集めてしまいがちです。これらの心の動きを認知的不協和と呼ぶのですが、心理学者の碓井真史さん（新潟青陵大学大学院）は、「人は、思いや行動に不一致、矛盾があると、心の中に不協和が生まれます。これは気持ちが悪いので、何とか不協和を下げようとします」と解説します。

TRY!

認知的不協和理論について詳しく解説されている以下を読んでみよう。

心理学総合案内「こころの散歩道」／社会心理入門出会いの道／1―2（碓井真史）

http://www.n-seiryo.ac.jp/~usui/deai/012ninchi.html

陰謀論やフェイクニュースに引っかからないようにするためには「安易に答えを求めようとしないこと」が大切であり、乱暴に言えば「わからないことは保留しとけ」ってことだと私は思います。

（43）https://news.yahoo.co.jp/newshack/special/newcontents/falserumor/（二〇二一年五月二三日アクセス）

そして**自分の見ている（見えている）世界がすべてではないという認識を持つこと**がリテラシーの根幹だと思います。くり返しになりますが「女性は○○である」「●●人はこうである」「○国はこういう国だ」というステレオタイプが量産され、そこから対象に対するバイアス（偏見）が生まれ、それが差別の原資となるのです。

第1章で取り上げたBLMですが、デモに参加した歌手のアリアナ・グランデさんは、抗議デモが暴動として取り上げられている報道にふれ「平和的なデモが行われているが、それについては報じられていない」と指摘しています。

昨日、何時間、何マイルもかけて平和的な抗議が行われていたけれど、ほとんど報道されていない。私たちが歩いたビバリーヒルズとウェストハリウッドでは、人々はチャントして声援を送ってくれた。情熱と大きな声と、そして愛に溢れてた。このことも報道してほしい。

（HUFFPOST NEWS アリアナ・グランデさんが「平和的なデモも報道して」と訴え。「Black Lives Matter」多くの著名人が抗議運動に参加〈二〇二〇年六月二〇日〉）

これもまた、リテラシーを問うものと言えます。「**報道されていること、見えているものがすべてではない**」ということは肝に命じる必要がありますね。二〇二一年で言えばオリンピック反対のプラカードを掲げる人が画面に映らないようにした聖火リレーのテレビ中継や、一部のアスリートの個人的な事情や努力をことさら強調する報道、政治状況の一部だけを切り取って「野党は（また）反対しています」という印象操作的な報道の仕方も問題です。総理大臣の記者会見の制限や重要法案の審議中に国会中継を途中で打ち切ったりすることなどは、残念ながらもはや日常の風景になっています。

「お湯を飲むとコロナが治るんだって」と友だちが教えてくれたらどういう対話するか考えてみましょう。(44)

(44)「そんなわけないじゃないかバカみたい」「え〜そうなの、やってみよう」のどちらもダメだと思います。「どこで聞いた話？」から入って、その情報の真偽（ファクト）について対話していきましょう。いずれにしても、大切なことは「分からないことは分からない」として保留しておく態度でしょう。その場ですべての結論を出すこともないのですから。

第4章 マイクロアグレッションを吹っ飛ばせ

差別はまだなくなっていません。
でも、子どもたちが将来
何と対峙することになるかは、
私たちの世代にかかっているのです。

ローザ・パークス（公民権運動の活動家）
1998年、TVコメンテーターとの対談にて今まで、人権の歴史をひもときながら差別の実態やそれが社会に与える影響について考えてきました。その根幹にあるのが見えにくいマイクロアグレッションでしたね。もう一度、あらためて定義しておきます。

マイクロアグレッションとは日頃から心の中に潜んでいるものであり、口にした本人に〝誰かを差別したり、傷つけたりする意図〟があるなしとは関係なく、対象になった人やグループを軽視したり侮辱するような敵対・中傷・否定のメッセージを含んでおり、それゆえに受け手の心にダメージを与える言動

「ヘイト暴力のピラミッド」（八四頁）の下部に位置し、ヘイトスピーチを下支えするものがマイクロアグレッションです。この章ではいよいよ！　こうしたことに出くわした時、どうすればいいか考えましょう。差別は一人一人の心の中から出てくる行為行動ですが、個人の心のあり方にとどめず、社会から産み落とされるものであることも視野にいれて考えていくことにします。

1．差別の現場に出くわした時

（一）はっきりと見える差別

差別にははっきりと見えるものとそうでないものがあります。マイクロアグレッションは後者の部類に入ることが多いわけですが、まずははっきりと見える差別に対してどうすればいいかを考えます。

■直接的なヘイト行為

路上や電車の中で明らかな差別行為をしている人を見かけたらどうしたらいいでしょうか。最初に断っておくと、それぞれ置かれた状況が違うので一概に「こうだ！」という正解はありません。しかし、何もできないということでもありません。

二〇二一年四月。東京オリンピック空手女子アメリカ代表の國米櫻（こくまいさくら）選手が、ロサンゼルス近郊で「近づくな、チャイニーズ、サシミ」などの暴言を吐かれたことがニュースになりました。暴言を吐かれている間、周りにいた人は誰も助けてくれず、中には笑っていた人もいて國米選手は「心を痛めた」と自身のＳＮＳに投稿しています。もっとも大切なのは傍観者にならないこと、つまり

見て見ぬふりをしないことだと思います。

まず自分の安全を確保できる範囲で事態に介入すべきです。

しかし、いずれにしてもとても勇気のいることですから、介入の方法を知らないとできません。

エミリー・メイさん（ストリートハラスメント反対運動「Hollaback!」発起人）は、第三者が「差別現場」に介入するときの指針として「５Ｄ」を提唱しています（参照「当事者意識を持つ！差別に遭遇した「第三者」ができること」https://www.cosmopolitan.com/jp/trends/society/a35721701/asian-hate-crime-discrimination-bystander/）。

①『Distract』（状況を悪化させないよう気をそらす）
②『Delegate』（介入を手伝ってくれる人を探す）
③『Document』（起きたことを記録する）
④『Delay』（差別を受けた人のアフターケアをする）
⑤『Direct』（〝それは差別だ〟とはっきりと言う）
※便宜上、①から⑤の番号をふりました

具体的に考えていきましょう。例えば電車の中でムスリムの衣装をまとっているＡさんに向かっ

「差別現場」に介入するときの指針「5D」

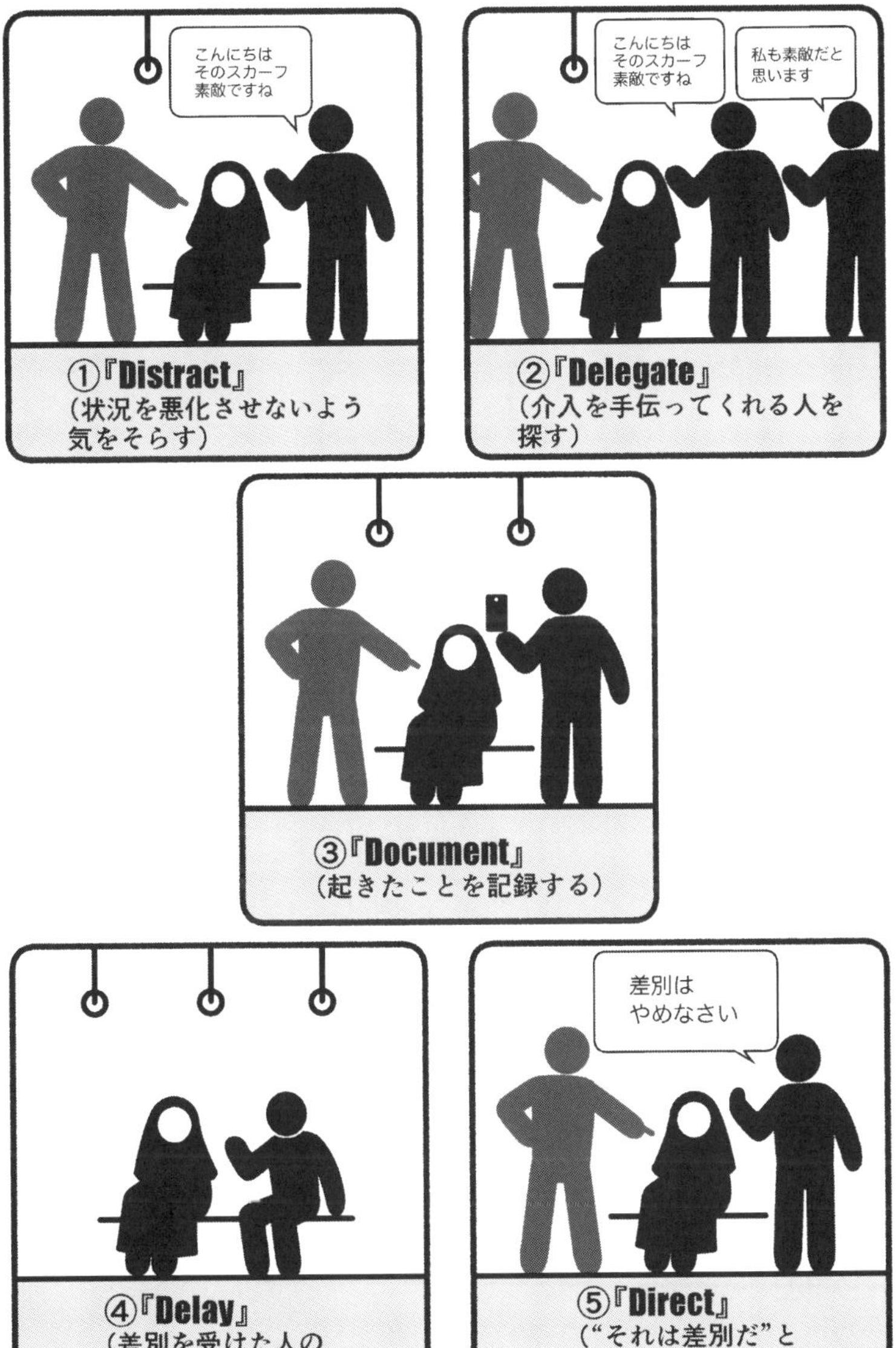
こんにちは
そのスカーフ
素敵ですね
①『Distract』
（状況を悪化させないよう
気をそらす）
こんにちは
そのスカーフ
素敵ですね
私も素敵だと
思います
②『Delegate』
（介入を手伝ってくれる人を
探す）
③『Document』
（起きたことを記録する）
④『Delay』
（差別を受けた人の
アフターケアをする）
差別は
やめなさい
⑤『Direct』
（“それは差別だ”と
はっきりと言う）

© 葛西映子

て「お前たちはテロリストだ。出ていけ！」と言っている男性Bがいたとします。そうした時Bに向かって「差別をやめなさい」というのが⑤ですね。状況によっては自分にも危害が及ぶ危険性があります。かなりハードルが高いと言えます。ではどうしたらいいでしょうか。①の方法ならどうでしょう。Bにはあえてアプローチせずに、Aさんに「こんにちは」「そのスカーフ素敵ですね」などと話しかける行為が考えられます。Aさんと仲良く話しているあなたの介入によってBの行為を遮断（しゃだん）できます（気をそらす）。また、①にいく前に②を試みてもいいと思います。周囲を見渡して、協力してくれそうな人を探しましょう。二人でAさんに話かければより効果的です。

③については状況をなるべく詳細にメモしておくことが、色々な意味でいいと思います。できるならば動画や写真で記録を保全しておくとベストでしょう。これは、その場の対応に必要というよりは、場合によっては警察への被害届の証拠にもなりますし、SNSなどで状況を知らせることによって、二次被害や更なる加害を防止する効果があります。BLM運動も動画を記録した人がいたからこそ、社会問題として立ち上がったわけです。(45) そして、現場でもっとも大切なのは④でしょう。Bが去った後のAさんへのサポートです。何をすればいいかは一概には言えませんが、差別の被害にあった人は怖かった気持ちや屈辱的な思いを抱いていることが多いと思います。その気持ちに共感しつつ、「あなたのせいではない」ことを話してあげたいものです。

次のコンテンツを見てみよう。
「ストリートハラスメントの撲滅を」エミリー・メイ―TEDxWomen
http://www.ted-ja.com/2016/03/hollaback-street-harrasment-emily-may-at-tedxwomen.html（二〇二一年五月一日アクセス）

■ヘイトデモ・街宣の現場

次にヘイトスピーチを伴うヘイトデモや街宣の現場です。これは集団で旭日旗等を掲げながら特定の民族を「殺せ」「叩き出せ」など差別と排外主義のコールをしながら練り歩いたり、拡声器で叫ぶものです。これらは京都朝鮮学校襲撃事件のようなヘイトクライムにも発展する危険性を持つ最悪の差別煽動行為です。

今まで見てきたように、差別は社会の構造の中で起きるものです。だから根本的には差別を生み出す構造そのものを変革していかないといけないわけですが、それを待っているわけにはいかない

（45）黒人暴行死撮影の少女にピュリツァー特別賞……国際報道では「バズフィード」初受賞　米コロンビア大は一一日、米国の優れた報道に贈る二〇二一年度のピュリツァー賞を発表した。米ミネソタ州で昨年五月に起きた黒人男性ジョージ・フロイドさん暴行死事件で、警察官による暴行の様子を携帯電話で撮影した通行人の少女ダルネラ・フレーザーさん（当時一七歳）に特別賞が贈られた。（読売新聞オンライン二〇二一年六月一二日）

のがヘイトデモやヘイト街宣の現場です。例えればヘイトデモは目の前で起きている火事と同じです。火事が起きた原因を究明して再発を防止しなければならないことは当然ですが、ともあれ目の前の火を消すことが優先されます。目の前の火事を消すこと！　それがカウンターとかプロテストと呼ばれる抗議行動です。

読んでみよう。

神奈川新聞「時代の正体」取材班『ヘイトデモをとめた街』（現代思潮新社、二〇一六年）

抗議行動といってもそのアクションは様々でとくに「こうしなければならない」ということが決まっているわけではありません。身体を張ってヘイトデモを止めるシットイン、拡声器や肉声で抗議の声をあげる、プラカードを掲げる、路上から静かに注視するなど、非暴力を基本とした色々なやり方があります。**大切なのは、どういう形であれ抗議の声——意志を示すことです。**ちなみに、二〇二〇年頃から、神奈川県の川崎駅前で行われてきたヘイトスピーチ街宣に対して、それをさせないためのヘイトパトロール「読書会」などの対抗実践も生まれています。これは差別煽動を行わせないために、ヘイトスピーチ街宣が行われそうな場所に各々の市民が先に座って静かに本を読むというものです。

撮影　島崎ろでぃ～　2018 年 10 月 14 日　横浜市鶴見区　「ヘイト街宣を許すな」

川崎駅前、2021 年初夏 木村夏樹（カメラマン）撮影

■どっちもどっち論

ところが、抗議行動の現場を見て、「汚い言葉を使って激しくやり合っているからどっちもどっち」と言う人がいます。表面的にはそう見えてしまうのかもしれませんが、「〇〇人を殺せ、叩き出せ」などと差別を煽動し社会に憎悪の種を蒔いている人たちに「差別をやめろ」というのはどっちもどっち（同じ価値）ではありません。

安易にどっちもどっちを唱える人は「自分には関係ないことです」と観客席から冷ややかにゲーム観戦しているようなものです。こうしたものの捉え方は、「価値は色々で絶対的なものはない」という相対主義的な考え方です。相対主義的な考え方自体が間違っているというわけではありませんが、差別の現場などでは問題が生じます。この立場にいれば差別行為を見ても「人には色々な考えがあるよね～」「自分には関係ないし～」とスルーできますから「便利」ですね。どっちもどっちと傍観者的な立場をとることで、結果として差別に加担していることになってしまうと思います。

瀧大知（外国人人権法連絡会、事務局次長）さんは、インタビューの中で次のように話しています。

時折、ヘイトデモや街宣の場で、大声をあげるカウンターの人々をみて「どっちもどっち」だという意見も聞かれますが、それは問題の本質を見ていないのだと思います。カウンターの人々は、その声や音により、ヘイトスピーチが被害者やその地域に届かないよう遮断しているのです。「そんな言葉で罵っていては同じようなものだ」という意見もありますが、カウンターはあえて汚い言葉でレイシストを挑発・罵倒します。攻撃の矛先を、マイノリティから自分たちに引き付けるためです。そもそも、レイシストとカウンターは「マジョリティ」と「マジョリティ」という対等な関係であり、レイシストからマイノリティに対する非対称的な権力関係とは全く違うものです。（ヘイトクライムに抗う―憎悪のピラミッドを積み重ねないために―https://d4p.world/news/7867/）

筆者の友人で反差別活動をともにする山口祐二郎さんは、自身の反省を述懐しながらこう言います。

見て見ぬふりをする傍観者はもちろん、「どっちもどっちだ」ともっともらしい見識をひけらかすのも最悪だ。そんな奴らには、今でも右翼の俺が言ってやる。「俺こそが、究極のどっちもどっちだ！」（『奴らを通すな！ヘイトスピーチへのクロスカウンター』ころから、二〇一三年、一五三頁）

少し分かりにくいかもしれませんが、差別に反対するための行動であれば、世間にヒール（悪役）と思われても構わないという山口さんなりの宣言なのです。いつも現場に足を運び、声を挙げるその姿勢にはリスペクトしかありません。有名な人権活動家のデズモンド・ツツ司教は「あなたがもし、不正が行われている状況で中立の立場だと言うのなら、あなたは抑圧者側に立っていることになる。ゾウの足がネズミのしっぽを踏んでいても中立だと言うのなら、ネズミはあなたのその中立性をありがたいとは思わないだろう」と述べています。

そして、私はフィリピン巨大台風の現場にいた忍足謙朗さん（元国連ＥＦＰ〈世界食糧計画〉アジア地域局長）の Do the Right thing を引用した次のコメントに惹かれます。

Do the Right thing vs Do things right

その意味は判断を迫られた時に「ことを正しくやるより、正しいことをやれ」である。僕のキャリアの中でも、特に修羅場となった緊急支援において、組織のルールを破ってでも正しいと思う決断をしてきたつもりだ。

（忍足謙朗『国連で学んだ修羅場のリーダーシップ』文藝春秋、二〇一七年）

もちろん、差別に反対するためなら「何をやってもいい」ということではありません。あくまで非暴力を貫きながら、行動を起こすことが大切です。「レイシズム監視情報保管庫」というサイトにはカウンタープロテストの心得、絶対に避けるべき行動などの注意とともに、以下のようなメッセージが載っています。

レイシストと直接対峙することだけがカウンターではありません。
安全な場所からプラカードをかかげるだけでも、通行人に何が起きているのか、何に抗議しているのかが伝わります。そこにいてくれるだけでいい。
最大級のカウンターを。

方法はそれぞれです。できる範囲でいいのでともかく「見て見ぬふりをしないこと」が大事なのです。例えば、ヘイトデモの抗議に直接参加しなくても、その問題を友人や家族など、周囲の人と話題にするのも立派なカウンター行動だと私は思います。

いずれにしても、差別の問題は今まで述べてきたように、私たち社会の側にある問題であり、それはマジョリティ（多数派）が背負うべき課題だということは強調してもしすぎることはないでしょう。

TRY!

カウンターに参加してみようと思った人は読んでみよう。
「レイシズム監視情報保管庫」＃ヘイトスピーチや＃差別に反対するやり方〜直接説教するとき（初心者、警察対応編）
https://odd-hatch.hatenablog.com/entry/2048/12/25/000000_1

■SNS上の差別

ヘイトデモでなくても昨今はSNS上で繰り広げられるヘイトスピーチもあります。「あんなバカな書き込みをする人たちは、すぐにいなくなるから放置しておけばいい（相手にしなくていい）」という態度では、絶対になくならないことがここ数年で証明されてしまいました。ここに書くことがはばかれるようなデマと憎悪に満ちたそれらを見つけた時にはどうすればいいでしょうか。これにも、「これだ！」という唯一の答えがあるわけではありません。各自がそれぞれの立場や意思で、アクションを起こせばいいのだと思います。

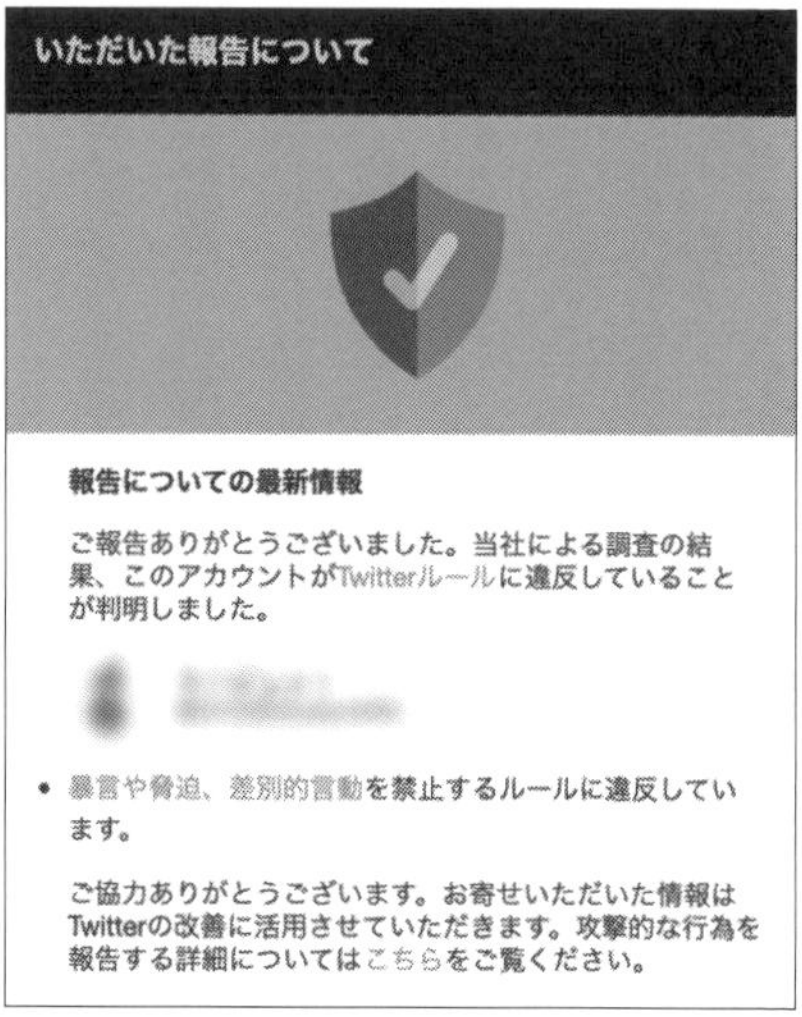

差別煽動を撒き散らしていたアカウントを報告した例（筆者）

投稿主に直接やめるようにリプライ（返信）を送る。その投稿について話題にして問題を可視化する。TwitterやYouTubeなどであれば差別であることを報告することも有効です。

またSNSの運営企業に対策を要求するなどのアクションも可能です。ちなみに、二〇二〇年ア

Twitter ジャパン本社前で NO HATE のプラカードを掲げる筆者（中央）　2017.9.8
写真　島崎ろでぃ～　http://shimazakirody.com/journal/twitter 社抗議 /

メリカTwitter社は、トランプ大統領（当時）のツイートに「暴力賛美」であるという警告を表示しています。アメリカTwitter社は暴力や差別煽動に対して比較的厳しい態度と言えますが、Twitterジャパンは残念ながらそうではありません。規約には以下の記載がありますが、実際の運用においてはヘイトスピーチを放置していることがあります。

> ヘイト行為：人種、民族、出身地、社会的地位、性的指向、性別、性同一性、信仰している宗教、年齢、障碍、深刻な疾患を理由とした他者への暴力行為、直接的な攻撃行為、脅迫行為を助長する投稿を禁じます。また、このような属性を理由とした他者への攻撃を扇動することを主な目的として、アカウントを利用することも禁じます。（暴

言や脅迫、差別的言動に対するTwitterのポリシー(46)

このような現状を鑑み、「Twitterのポリシー（規約）を順守せよ」を目的に抗議活動なども行われてきました（写真・前頁）。

ＳＮＳのユーザーは私たちのような一般人です。ユーザー（利用者）としてのみならず、市民的立場で声をあげることはとても大切なことだと思います。

■差別煽動を行う店舗や企業

二〇二一年には、化粧品販売大手ＤＨＣの吉田嘉明会長が、サイト上に在日コリアンに対する差別メッセージを載せていた問題が表面化し、ＮＨＫ「おはよう日本（四月九日）」などで報じられました。それに対しても吉田会長は民族差別を丸出しにしたデマで応えたのです。

ＮＨＫは幹部・アナウンサー・社員のほとんどがコリアン系である。出演者についても、学者・芸能人・スポーツ選手の多くがコリアン系であり、ひどいことに偶然を装った街角のインタビューさえコリアン系を選んでいる。予めリストアップしているのである。特徴のある名前とつき出たあご、引きしまった小さな口元、何よりも後頭部の絶壁ですぐに見分けがつく。

（中略）ＮＨＫに対してひと言感想をと言われれば、「ＮＨＫは日本の敵です。不要です。つぶしましょう。」（以上ＤＨＣ公式サイトから抜粋　※この部分はその後削除されています）

これに対して「＃差別企業ＤＨＣの商品は買いません」というハッシュタグ（同キーワードでの投稿を検索したり、趣味・関心の似たユーザー同士で話題を共有したりすることが可能な機能）が作られ、不買運動が起きました。不買運動などという攻撃的または物騒な印象を受ける人がいるかもしれませんが、社会的責任を持っている企業に対して差別を許さないという声をあげることは重要です。そうした運動に直接関わらなくても、自分では買わないこと、利用しているホテルなどの施設に置いてあれば理由とともに施設利用をキャンセルするという選択（上図）もあり得るでしょう。そういう小さなことの一つ一つが差別を許さない社会の空気をつくっていくのだと思います。

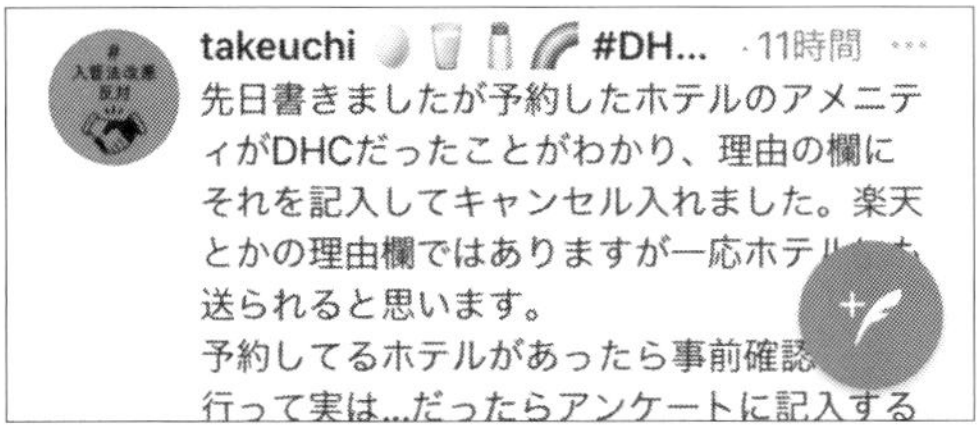

takeuchi #DH... ·11時間
先日書きましたが予約したホテルのアメニティがDHCだったことがわかり、理由の欄にそれを記入してキャンセル入れました。楽天とかの理由欄ではありますが一応ホテル
送られると思います。
予約してるホテルがあったら事前確認
行って実は...だったらアンケートに記入する

差別企業の商品を使用している施設をキャンセルした事例

こうした動きの中で、ＤＨＣと連携協定を結んでいたいくつかの自治体では協定の凍結や停止を決めたのです。

（46）https://help.twitter.com/ja/rules-and-policies/hateful-conduct-policy

文章は人種差別にあたる。何も対応しないままでは、会長のメッセージを容認していると捉えられかねず、市民の理解も得られないと判断した。人権尊重を推進する自治体として容認できるものではない（熊本県合志市）。（朝日新聞デジタル、二〇二一年五月四日）

その後、同社はサイトに掲載していた在日コリアンに対する差別文章を全て削除しています。削除したからといって差別煽動の加害行為が消滅するわけではなく、問題が解決したとは到底言えません。しかしこうした市民レベル、行政レベルの動きが企業の公益性をアップデートしていくものになるのです。

第1章「いま何が起きているのか」で述べたように、COVID-19を引き金とする差別、民族差別行為が一般の店舗にも広がっている現実があります。また、大手書店にもいわゆるヘイト本と呼ばれるような書籍が山積みになっているのが私たちの社会です。まずはそうしたことに敏感になること。そして可能な限り、それに対して自分なりのやり方でアクションを起こしていくことが求められているのではないでしょうか。直接的な抗議が難しければ、「そうしたお店は利用しない」という行動でもいいと思います。私も、過去に社員に対してパワハラや差別煽動をした企業の情報があれば、自分なりに真偽を調べた上で、「利用しない」「製品を買わない」という選択をしています。これからも諦めないで市民的立場から行動していきたいと思います。

(二) 見えにくい差別

一方、見えにくい差別そして差別と判断しにくいものもあります。マイクロアグレッションは見えにくい差別の典型です。

いよいよこの問題について具体例をもとに一緒に考えていきましょう。

■マイクロアグレッションの怖さ

マイクロアグレッションは私たちの日常生活における会話や振る舞いに混ざり込んでおり目に見えにくいのが特徴です。そこには軽重はあれど、人種差別（レイシズム）、女性やマイノリティ蔑視、ジェンダーバイアスなどが含まれています。日常会話なので、何気なく流れてしまうことが多いのですが、マイクロアグレッションを受けた人たちにとっては流れずに、心の奥底に少しずつたまっていく性質を持っています。デラルド・ウィン・スーさんは次のような警鐘を鳴らしています。

これらの集団の人々が経験する抑圧の大半は「ミクロ」（すぐに可視化されない）で知らぬ間に蓄積し、受け手を心理的かつ身体的に消耗させるものであり、それは定義されにくく、違法ともされず、是正への道も開かれていない。

（『日常生活に埋め込まれたマイクロアグレッション』前出、二三頁）

学校や職場、地域コミュニティにおけるいじめも同様の性質を持っています。学校におけるいじめについて、弁護士の山下敏雅さんは「一つひとつのいじめそのものは、ナイフで刺すようにすぐに人の命を落とすものではないかもしれません。でも、コップに水が一滴一滴とたまっていき、やがて最後の一滴でコップから水があふれてしまうように、心の痛みは、積み重なっていけば、やがて、その人を自殺にまで追い込みます。その子の幸せな人生そのものを、いじめは奪うのです」と言います（『どうなってるんだろう？　子どもの法律』、高文研、二〇一七年）。よって、「いつものことだから」とか、「気にしすぎだよ」とか「気にしないほうがいいよ」という風に流してしまえば、より深刻な状況が生まれてしまうのです。

二〇二一年五月、NBAで活躍する八村塁さんの弟亜蓮（あれん）さんに、黒人へのむき出しの偏見を元にした人種差別DMが送られてきたことがニュースになりました。同年五月六日放送のフジテレビ系の情報番組『めざまし8』で取り上げられ、キャスターを務める谷原章介さんは、「反論の声ってどんどんあげるべき」とした上で、「八村兄弟も本当、そんなこと気にせず無視しちゃっていいと思います。こんなこと思っている人ばかりじゃありません」とコメントしました。

谷原さんはおそらく差別にノーを唱える人であり、この発言には八村兄弟に対する励ましはあれども、いささかの悪意もないことでしょう。とは言うものの被害を受けている当事者に対して、あまりにも無頓着（むとんちゃく）なコメントではないでしょうか。

たった一滴の水でもそれが積み重ねられることで心のコップはあふれてしまうのです。こうした「励まし」は、日常に埋め込まれたマイクロアグレッションをむしろ強化することにつながっていく危険性があります。被害を受けている当事者に「気にするな」と言うのではなく、この場合で言えば私や谷原さんのようなマジョリティの側が「反論の声をどんどん上げ」、当事者の気持ちを大いに気にしなければならないのです。

そうしなければ、差別はなかったこと、見えないものとして日常の中に埋め込まれてしまうことでしょう。

TRY!

みなさんが『めざまし８』のキャスターだったら、どんなコメントをしたらいいか考えてみてください。[47]

（47）例えば以下のようなものはどうでしょうか。「私はこうしたＤＭはおかしいと思います。明らかな差別です。八村さんたちがこのことを公にした意味を私たちは受け止めなければいけないと思います。これは私を含めた社会の問題です。ＤＭをした人は反省し、直ちに謝罪すべきだし、私たちはこうしたことを見逃していけないと思うのです。八村さん、私たちも差別がなくなる社会に向けて頑張っていきます。辛いことがあったら、また私たちに教えてください。八村差別をなくしていくために頑張りたいと思います」

■どこが、何が問題なのか

ではどうすればいいか考えていくことにしましょう。まずは、何が問題なのか具体的な事例をもとに考えてみましょう（日常または友だちとの会話という設定）。

事例1　初対面のAさん（見た目が明らかに外国人）に「どちらの国から来たんですか？」と尋ねる。

事例2　「ねえねえ、私もハーフみたいな可愛いメイクしたい。どう思う?!」

事例3　「この前、買い物に行ったらB人（外国籍）がいて、大きな声で話していて、すげえうるさかったんだよね」

事例4　「この前、買い物に行ったらC人（外国籍）と会ったんだけどさ、礼儀正しくて驚いたんだよね」

事例5　「盆栽や俳句が趣味だなんてDさん（見た目が明らかに外国人）は日本人より日本人らしいよね」

事例6　「Eさん（見た目が明らかに外国人）ってなんでそんなに日本語お上手なんですか」

事例7　「女の人はなんだかんだ言って母性的だよね」

事例8　「男の子はなんだかんだ言ってさっぱりしているよね」

どうでしょうか。今までこの本を読み進めてきたあなたはこれらの事例について、どのように感じますか。1から6は外国にルーツにある人たちへのもの、7と8はジェンダーバイアスに関するものですが、どこに問題があるのか考えていきましょう。

事例1は、まず初対面の人にいきなり出自に関することを聞くこと自体が失礼ですね。出自は個人に属するプライベートなことであり、ずかずか踏み込むべきではありません。また、「見た目が明らかに外国人」イコール「外国籍の外人（よそから来た人）」ではありません。そこにあるのは、「見た目が外国人イコールよそもの」であり、「私たちの仲間ではない（またはあなたは私たちとは違う人）」という隠れた意識です。

事例2はどうでしょうか。ファッション雑誌などにも似たようなフレーズはよく載っていますね。そもそもハーフという呼称から考えたほうがいいと思います。ハーフは文字どおり半分ですが、本国Xと外国Yの両方にルーツがある場合もあるし、そうでない場合もあるでしょう。人間のアイデンティティは半々の要素で成り立っているわけではないので、ハーフ＝X＋Yという構図も変です。戦後はアメリカ兵との間に生まれた子どもを混血児や「あいのこ」という蔑称で呼ぶことがあり、その後国際結婚によって生まれる子どもたちも増え、日本が高度成長期を迎える一九七〇年代以降になると、欧米の商業文化の影響を受けてハーフという呼称が新聞やテレビを中心に使われるようになりました。そうした経緯の中で、これらの言葉は肯定的にも蔑（さげす）んだ意味でも使われてきました。肯定的な意味では「可愛いハーフ顔」などがありますが、実はそれも外見的な決めつけ（思い込み）に過ぎません。例えば日本以外のアジアの国々にルーツがある場合に、そうしたことはあまり聞きません。とすると「可愛いハーフ」＝欧米にルーツがあるという二重の偏見に基づく差別意識が根底にあるようにも思います。

ここまで読んできたみなさんは「じゃどう呼べばいいの？」という疑問がわいたかもしれません。最近ではハーフではなく「ミックス」や「ダブル」という表現をすることもあります。しかし、問題の本質は呼び方（名付け）にあるわけではありません。どういう意図で使用し、そこに問題は潜んではいないのかという検証する態度が必要なのです。「私は●国とのハーフなの」と説明する人がいたとします。それは、自分のアイデンティティや特性を相手に分かりやすく伝えたいという思いがあるからではないでしょうか。**大切なのは見た目や呼び方というよりは、目の前にいる相手の声を聞き取り尊重する姿勢**です。

事例2に戻りましょう「ねえねえ、私もハーフみたいな可愛いメイクしたい。どう思う?!」ではなく、「ねえねえ、私も●●（例えばタレント名）みたいな可愛いメイクしたい。どう思う?!」がいいと思いますが、みなさんはどう考えますか。そもそも歴史的に見れば人はみんな自国以外のどこかにルーツがある混合的（ミックス）な存在なのです。

事例3と4はコインの裏（非難）と表（賞賛）のように見えますが、そうではありません。どちらもB人とC人に対するマイクロアグレッションという意味では同じです。ちなみにどちらもB

人と読み替えてみたらどうでしょうか。同根であることが一目瞭然（いちもくりょうぜん）です。

事例４と５も褒めている（賞賛）ように聞こえますね。しかし、Ｃさん、Ｄさんは、それぞれ固有の存在としてではなく、見た目や国籍などの出自によって評価されています。またＤさんにくだされた「日本人より日本人らしい」という言葉には、文化的ナショナリズムまたはエスノセントリズム——自文化中心主義（自分の民族とは異なる「他者」に対して、優越感を持つ態度や風潮）のにおいがします。Ｅさんに対しても同様です。「外国人（に見える人）は日本語を上手にしゃべることができない」というバイアスがかかっていることがわかるでしょう。そして「日本語お上手ですね」は、日本語が堪能（たんのう）なＥさんにとって嬉しい言葉でしょうか。多分、そう言われても「はあ、どうも」と首をすくめる他はないと思います。

カメルーンで生まれ、日本で育った漫画家・タレントの星野ルネさんは『まんがアフリカ少年が日本で育った結果』（二〇一八、毎日新聞出版）の中で、見た目が明らかに外国人の自分が学校や社会でどのように見られてきたのかをユーモアたっぷりに描いています。その中に、子どもの頃に一番緊張したのは運動会の短距離走だった。それは「黒人は足が速い」「勝って当たり前」という黒人に対する強大化した身体能力神話ゆえんだと言い、欄外のコメントで「日本人はめっちゃ時間に厳しいって言われるけど、いっつも遅刻してくる人、周りにおらへん？　それと一緒・・・やな」と書いています。

星野ルネ『まんが　アフリカ少年が日本で育った結果』を読んで気付いたことをまとめたり、友だちに話してみよう。

事例7「女の人はなんだかんだ言って母性的だよね」と事例8「男の子はなんだかんだ言ってさっぱりしているよね」はどうでしょうか。この本を読み進めてきたみなさんなら、どこが問題になるのかその本質にたどり着けそうですね。

事例7と8がマイクロアグレッションの典型であることを説明してみよう。(48)

ここであげた事例の他にもどんなことがマイクロアグレッションにあたりそうなのか、ぜひ自分で考えてみてほしいと思います。そして次にどのようにこれらを乗り越えればいいのか考えていきましょう。

以下のサイトを読んで考えを深めてみよう。
日常会話の中に混ざりこんだ悪意。目に見えない人種差別「マイクロ・アグレッション」
https://karapaia.com/archives/52149171.html

2．内なる差別――マイクロアグレッションとたたかう

今まで述べてきたように私たちの社会と一人一人の心の奥に深く根付いているマイクロアグレッションとたたかうことは容易ではありません。しかし、漫画『スラムダンク』の安西先生が言うように「あきらめたらそこで試合は終了」です。ここではどのようにすればいいか、そのヒントになることを挙げてみたいと思います。

■気づくことから始める

事例で見たように、「日本語お上手ですね」などの言葉は悪意から発したものではないでしょう。しかし、そう言われた当時者がどう感じるかがポイントだと言うことはすでに述べました（一五五頁参照）。そして、それらが自分の中に根付いている偏見や優越感によるものではないかということに気付こうとする姿勢。そこがまずスタートになるのだと思います。しかしながら、気づかないからマイクロアグレッションが生まれてしまうものなんですね。

(48) 事例５「女の人は母性的であるべき＝母性的でない人は女性として認められない」という含意があること、そしてそもそも「母性的」という言葉そのものが女性への抑圧ではないでしょうか。事例６「男の子はさっぱりしている」は明らかなステレオタイプ、そして「女の子はさっぱりしていない（執念深い）」という決めつけのメッセージでもある。

としたらどのように気づけばいいのでしょうか。大切なことは言葉や表情など他者の反応に敏感になることです。私は雑というか鈍感なパーソナリティの持ち主なので、これがとても苦手です。知らず知らずのうちに誰かを傷つけてしまうことが過去にもたくさんありました。今、思えば相手の反応に鈍感だったのだろうと反省することしきりです。また、その時に気づかなくても「あの言動はまずくなかっただろうか」と自身で振り返ってみることも大事でしょう。判断がつかなければ、「どう思ったか」誰かに聞いてみましょう。

そして判断基準は常にアップデートしていく必要があります。私が中学校の教員になった一九八〇年代には、「男子生徒は全員丸刈り」などの今では考えられないような校則や教師による体罰という名の暴力も日常的でした。しかし、少しずつではありますが多くの人がそのおかしさに気づき、声をあげることによって変わっていったのです。

そのために必要なのは何より学ぶこと、そして他者の意見に耳を傾けることです。言うほど簡単ではありませんが、昨日までの常識は非常識に変わることもあり、自分が抱いている「ふつー」とか「アタリマエ」という感覚をいつも見直していく必要があると思います。

TRY!

「男子生徒は全員丸刈り」という校則はなぜおかしいのか、いろんな視点から考えてみましょう。(49)

■働きかける存在になる

次にもう一歩進んだ大切な視点は「働きかける存在になる」ということです。ここでは社会構築主義（社会構成主義）の立場で考えていきます。すでに第3章森発言の分析で述べましたが、おさらいをしておきましょう。社会構築主義とは人の心や社会は絶対的なものではなく、言葉や人間関係のなかで常に変化しうるという考え方ですが、やさしく言い換えれば、「社会における問題は誰かが問題であると言い出さなければ問題として座らない」ということでしたね。

例えば教室でいじめが日常化して苦しむ子どもがいたとしても、それが明らかにならなければ解決すべき問題として取り上げられることはありません。「悩んでいる・困っている」「いじめをやめて」という当事者の子どもの訴えや「いじめはやめるべきだ」という他の子どもたちの認識がある時に、はじめて集団の中に解決すべき問題として座るわけです。

世界最高峰の元NBA選手カリーム・アブドゥル・ジャバーは『LAタイムズ（二〇二〇年）』のコラムで「アメリカにおける人種差別とは、空気中を舞うホコリのようなもの。透明に思えるが、日の光が当たると見えて、そこら中に漂っているのがわかる。私たちが光を照らし続けていれば、

(49) 身体はそもそも個人の尊厳に基づくプライベートなものです。その一部である髪型を合理的な理由もなく、一律に強制するのは人権侵害ですね。どこかの学校で、ある日突然「女子生徒は全員丸刈り」という校則ができてそれが実行されたとしたら、凄まじい社会問題になるでしょう。丸刈り強制は二重三重にアウトな事例なのです。

そのホコリもなくすことができる」と述べています。これも社会構築主義の立場と言えるでしょう。社会学の分野ではクレイム申し立て理論という概念があります。クレイム（クレーム）というとやっかいなもの、面倒くさいものととらえる向きがあり、一般的には言いがかりという意味で使われています。しかし、それらを単なる言いがかりと片付ける発想はとても危ないものです。誰が何をクレイムとして申し立てているのかという文脈で見ていく必要があります。その中には問題として取り上げ、改めなければならないことも含んでいる可能性が大いにあるからです。

> TRY!
> 社会学の立場から考えを深めたい人は以下を読んでみよう。
> J・I・キッセ、M・B・スペクター『社会問題の構築――ラベリング理論を超えて』（マルジュ社、一九九〇年）

発している本人が無自覚なことが多いマイクロアグレッションも同じです。第3章で森発言を取り上げましたが、「これは問題です。女性差別ですよ」という声が上がったから問題になったわけですね。とするならば私たちは「**自分で気づく**」**の次は、「気づいたら声をあげる」というアクションが必要になる**わけです。それが働きかける存在になるということです。

「差別はなぜまずいか」でも明らかにしたことですが「私は差別しません」だけではダメなのです。差別している人や差別事象に対して「それはダメです」と言わなければならないのです。それは見えにくいマイクロアグレッションであればなおのことです。ヘイトスピーチのような直感的にアウトと理解できるものとは違い、発している本人が問題だと思っていないことが圧倒的に多いからです。

とは言え、誰しも他者に注意されるのは愉快なことではありませんから、誰かに働きかけることは言うほど簡単ではありません。伝え方はその人との関係性にもよるので、一概にこうすべきという方法はないのです。ただ言えるのは**個人を責めるよりも「何が問題なのか」を語り合う姿勢を持つこと**ではないでしょうか。私は森発言についても多くの人はそうしたと見ています。

それにしても友だちや親しい知り合いにそれらを告げるのは、難しいことには違いありません。日本には「触らぬ神に祟りなし」にはじまり、他者に干渉的にかかわることに対する根強い抵抗感があります。しかし、友だちだからこそ、親しい知り合いだからこそ、言うべきことを言い、語り合う必要があるのだと思います。直接の接触や関係性がない場合はＳＮＳなどで呼びかけることも有効でしょう。

TRY!

「あの子は女子力高いよね」「あいつはお父さんが黒人だからさすがに運動神経すごいわ」……こんなことを友だちが話したら、そこからどんな対話をするか考えてみよう。[50] （例は次頁）

■リテラシーと学ぶこと

ここから「第3章・3（四）フェイクニュースとリテラシー」を復習しつつ深堀りしていきます。リテラシーとは情報を読み解く力のことですが、「ものの見方・考え方」であると説明しました。実はマイクロアグレッションに気付くのも他者に働きかけるのもこの力が必要なのです。なぜならマイクロアグレッションの根底に横たわる「女子は○○」「何（なに）人は○○」というような認識の多くは、偏ったものの見方・考え方すなわちリテラシーの低さに起因しているからです。そしてこうした偏見――バイアスがスティグマを産んでいきます。スティグマは社会によって押された烙印という意味だと前にも述べましたが、簡単に言えば決めつけです。これが強まると烙印を押された人たちに対する排除や差別が日常化していきます。WHO健康開発総合研究センターは、コロナの拡大を止めるのは恐怖ではなく事実ですと述べ、次の三つの視点を掲げています。

―病気に関する事実と正確な情報をシェアしましょう。
―迷信や固定観念を疑いましょう。
―言葉遣いに注意しましょう。コミュニケーションの仕方は他者の態度に影響を与えます。

「事実と正確な情報をシェア、迷信や固定観念を疑う」これらの視点はコロナに限ったものではありません。マイクロアグレッションとたたかうための武器になります。ではどのようにしてリテラシーを高めることができるのでしょうか。

答えはシンプル。学ぶことです。森発言を分析してみて改めて気付いたことは、彼が限られた経験と伝聞でものを語っていることでした。**学ぶとは知識を溜め込むことではありません。自分の生きている世界を塗り替える営みであり、昨日とは違う自分を手に入れること**です。私たちに必要なのは学びであり、実はこれはとても楽しいことだと思うのです。

その方法は様々です。いまあなたがしているように、本を読む、映画を観る、音楽を聞く、旅行する、誰かの話に耳を傾ける……それらを他者と語り合い共有する。それら全てが学びだと思います。

ヘイトスピーチに代表される差別行為は、人間の身体に例えれば免疫システムの誤作動だと私は考えています。免疫は身体を守るため「自分と違う異物」を見つけ、攻撃し排除しようとする防御システムであり、生命維持のためには欠かせないものです。しかし、免疫システムが正常に働かない場合「自分にとって無害なもの」を異物（敵）と判断し、過剰な反応を起こし、これが花粉症などのアレルギーであると言われています。[51] この誤作動は異物（敵）を攻撃することを通して、結

(50) これらは悪意がないだけに対話が難しいですが、まずは、なぜその人がそういう思いを抱いたのかを考えてみることが大切です。関係性によっては「女子力?!　そんなのおかしいぜ」とズバッと批判してもいいし、「女子力ってどういうこと?」と対話的に展開してもいいでしょう。「黒人全員が運動神経がいいんじゃなくてさ、運動神経のいいお父さんがたまたま黒人だったってことじゃないの」など、事実ベースの対話も有効でしょう。

果として自分を攻撃し、心身を傷つけます。差別は言わば「たたかう相手を誤認する過剰な免疫反応」かもしれません。とするならば、免疫システムを正常に戻すためには「本当にたたかうべき相手」を正確に見つけることが必要です。それは学ぶことなしにあり得ません。そして学んだことを語り合う他者が、私たちには必要不可欠だと思うのです。もちろん、これはこの本を読んでいるあなたが、誰かの他者になる（なれる）ということを含んでいます。

TRY!

以下を読んでいわゆるコロナ差別について考えてみよう。とくに「やるべきこと(DO)とやるべきではないこと(Don't)」はとても重要です。

COVID-19に関する社会的スティグマ (https://extranet.who.int/kobe_centre/sites/default/files/20200224_JA_Stigma_IFRC_UNICEF_WHO_revised.pdf)

■勇者になろう

次に提案したいことは「勇者になろう」です。勇者とはどんな人でしょうか。危険をかえりみず、困難に負けずに勇気を持って物事に立ち向かう人のことでしょうか。そうですね、そういう人を我々はヒーローとか勇者と呼んでいます。私も心の中で密かに、かくあれかし（そうでありたい）と思っています。

しかし、性暴力をした子ども・ティーンズの回復のプログラム（MY TREE　ジュニア）のファシリテーターである森田ゆりさんの勇者の捉え方は違います。災害や性暴力の被害にあって回復した人をサバイバー（生存者）と表現することがありますが、森田さんは『体罰と戦争』（かもがわ出版、二〇一九）という本の中で、サバイバーという言葉は使わず、その代わりに勇者と呼ぶと言います。そして性暴力の被害者そして加害者に対して次のように語ります。

暴力を受けたことを思い出し、それを語る事はとても勇気のいることでした。このワークブックを使ってそれをしてきたあなたは勇者です。性暴力をふるったことを思い出し、それを語る事はさらに勇気のいることでしたね。それを今終えたあなたは勇者です（同書、一〇一―一〇三頁）

そして、勇者の条件として次の三つを挙げています。

（51）参考　過剰な免疫反応を抑えるための新たなブレーキ制御メカニズムの発見　https://www.oist.jp/ja/news-center/press-releases/33433（二〇二一年五月三日アクセス）

①助けを求める人（自分一人で何もかも解決しようとしない人　勇者はわりと、こわがりです）
②自分の本当の気持ち（こわいとか不安）を正直に言葉にして人に伝えられる人
③他人のくるしみ、よろこび、かなしみを感じることのできる人

私たちはたくさんの間違いや失敗をしながら、つまずきながら生きています。この本を読んでいるあなたは、そもそも人権問題に関心があるからでしょう。とは言えいじめや差別の現場に出会っても見て見ぬふりをしてしまった経験を持っているかもしれません。友だちや家族が人種差別的な発言をした時に何も言えなかった記憶を持つ人も中にはいるでしょう。マイクロアグレッションを感じてもスルーしたり、一緒に笑ったりしたことがある記憶はありませんか。思い起こせば、臆病で怖がりな自分を悔いることはなかったでしょうか。実は私もそうなのです。

でも、悔いているということは、他人のくるしみ、よろこび、かなしみを感じたからだと思うのです（勇者の条件③）。そして行動出来なかった自分、見逃してしまった自分を振り返り、それを誰かに話すことが出来たなら私たちは勇者です（勇者の条件②）。そして、共にこうした問題を語り学ぶ誰かを求めたならば、私たちは勇者です（勇者の条件①）。

私たちは、困難に負けずに勇気をもって事態に立ち向かう勇者にもなれるし、すでに森田さんの言うところの勇者かもしれません。

被害に遭っている人も同じです。金明秀さん（関西学院大学教授）は、「今感じている苦痛は自分

一人だけのものではなく、社会的な構造がうみだす普遍的な現象の一部なのだと自覚することによって、問題に立ち向かう勇気を得ることができます」と述べています（『レイシャルハラスメントQ&A』解放出版社、二〇一八年、六頁）。ヘイトスピーチもマイクロアグレッションも受けた当事者にはダメージがありますから、辛い気持ちになるのは当たり前です。しかし、攻撃を受けているあなたが悪いわけでも、あなたに問題があるわけでもありません。

そして、状況によっては誰もが加害者にも被害者にもなってしまうのです。とするならば、本当の勇者は「**自分の弱さを知り、だからこそ共に問題に立ち向かうために他者に助けを求め、手をつなぎ合う意志を持つことができる人**」なのでしょう。そうした勇者のふるまいは誰かをまた勇者にしていくことでもあると思います。

■自己責任論とたたかおう

しかし、なぜ私たちは勇者になることが難しいのでしょうか。その理由の一つは、新自由主義的価値観が席巻（せっけん）する世の中で「失敗も成功もすべて個人の責任」とされる自己責任論が根底にあるからだと思います。新自由主義は市場の自由化（規制緩和）と競争を基調に徹底した自由が世界を豊かにするという一連の経済政策をリードする価値観ですが、市場はいわば弱肉強食「野生のジャングル」でもあります。ジャングルの中では食われるものは弱いものであり、弱いから食われるという理屈になります。

人々は勝ち組と負け組に分断され、必然的に社会的格差が生まれ、それが固定化されます。負けたほうは「努力が足りなかった」「能力不足」と評価されます。「負け」には努力不足などの要因があるかもしれません。しかし自己責任論とは、なんでもかんでも、あるいは本人が努力できない環境にあるにもかかわらず努力不足と他者がジャッジすることに他なりません。

そういう中では自分の失敗や弱さを出すことは困難です。川口の夜回り活動で出会う路上生活の人は、身体や生活のことを尋ねる私たちの声かけにたいして「大丈夫です」と答えることが多いのです。大丈夫という言葉を使わざるを得ない状況なのでしょう。私たちの社会は、「困った」や「助けて」を口に出すことがとてもできにくく、自分でやることばかり「自助」が強調されています。

まずは、自分でできることは自分でやってみる。そして、地域や家族で助け合う。その上で、政府がセーフティーネットで守る。(菅義偉首相決意表明、二〇二〇年九月一四日)

自分で出来る力を奪われ続けてきているのに「自分でやれ」はあまりにも冷たい言葉です。北九州で長年、路上生活者の支援をしている奥田知志(NPO法人抱樸理事長、東八幡キリスト教会牧師)さんは、「菅さん。『まずは自分でやってみる』からではないですよ」と厳しく批判し、「『自助、共助、公助』の順番は社会をミスリードしかねない。必要なのは『社会』を取り戻すこと」であると主張します。[52]

差別問題も同様だと思います。虐げられるのは自分の問題ではないのに、あたかも自分の責任のように思わされ声を上げることをためらわせます。私たちの目ざすべき社会は、簡単に言えば誰もが平和に生きられる場所です。**平和とは単に戦争のない状態をさすのではなく、貧困による飢えがないこと、多様性が尊重されること、そして何より人としての尊厳が守られていること**です。差別は心身を侵食し、人としての尊厳を毀損（きそん）するものです。

それが実現されていない社会は野生のジャングルに過ぎず、その中で自分の責任として生き抜くことを強要されるならば、そうした状況に私たちは断固ＮＯと言わなければなりません。そのＮＯは、虐げられている誰かの尊厳を守ることを通して、自分自身の尊厳を守ることです。「人権を否定することは、その人の人間性そのものを否定すること（ネルソン・マンデラ）」なのです。「困った、助けて」と言える社会に、そしてそうした声に応答できる社会にすることが自己責任論とたたかうことではないでしょうか。

（52）朝日新聞・論座「菅さん。『まずは自分でやってみる』からではないですよ」奥田知志、（二〇二〇年九月二九日）
https://webronza.asahi.com/national/articles/2020092300010.html

おわりに

私たちは、限りある失望を
受け入れなければならない。
しかし無限なる希望を失ってはならない。

キング牧師

この本に限らず、人権に関する啓発が学校や社会で繰り返されてきました。人権尊重に関する言葉もあちこちにスローガンとして掲げてあります。しかしながら、私たちは人権尊重のスローガンが使い古されたように、あるいは面倒くさいことのように感じることはありませんか。それは、表面的に語られるだけでその内実が伴っていないからだと思うのです。

子どもの人権が尊重されなければならない学校における理不尽な校則や体罰、いじめに関する事件もあとを断ちません。DHCのように差別を煽動するオーナーがいる企業、朝鮮学校を高校無償化から排除するなどの行政による官製ヘイトもなくなりません。埼玉県の川口駅前には「人権尊重宣言都市」の大きな垂れ幕が掲げられています（写真A）。しかし、二〇二一年には駅近くの地下道にいる路上生活者を排除する張り紙が貼られ、それから地下道にいる人たちの大半は移動を余儀なくされました（写真B）。

これらは「言うこととやることが違う」ダブルスタンダードそのものです。象徴的なものは「多様性と調和」をテーマにした二〇二一年東京オリンピックでした。開会式でたびたび流れた〝Ladies and Gentlemen〟のアナウンスに耳を疑った人もいたと思います。そして開閉会セレモニーを巡って起きた関係者の辞任ドミノ。演出を統括していた佐々木宏氏が、女性タレントの容姿を侮辱する企画を提案したことで三月に責任者を辞任したことに続き、障害がある人へのひどいいじめ（暴力行為）を「武勇伝のように語っていた」と話題になった小山田圭吾氏、偏った家族観に基づく絵本で批判が多いのぶみ氏、ホロコーストを揶揄したエンタメを行なっていた元ラーメンズの小林賢太郎氏。そして打楽器奏者のラティール・シー氏は開会式の出演を組織委員会から見た目の違いから一方的にキャンセルされたと明かしました。一連の出来事が人権意識の欠如を内外に示すことになってしまいました。

コメディアンの村本大輔さんは『おれは無関心なあなたを傷つけたい』（ダイヤモンド社、二〇二〇年）の中で、ライブに来たあるお客さん（二〇代女性）が、小学校二年の時に体験した道徳の授

（写真Ａ）2021 年 3 月　筆者撮影

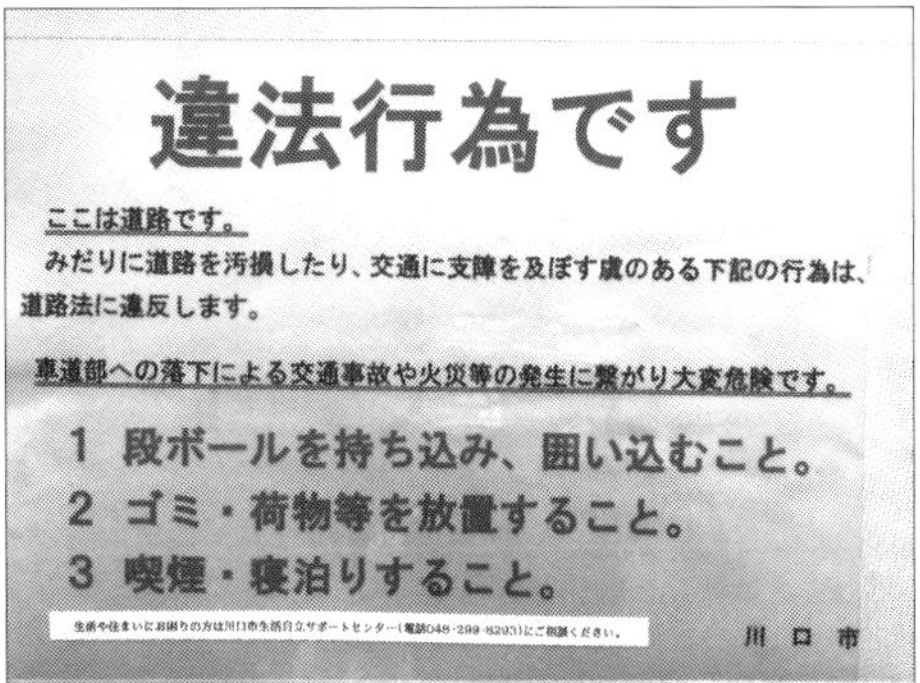

（写真Ｂ）2021 年 7 月　筆者撮影

業のことを紹介しています。彼女は孤児院で育ち両親がいません。先生はいきなり彼女を指さして「○○さんにはお父さんとお母さんがいません」「みなさんそのことをどう思いますか」「○○さんにやさしくしましょう」のようなテーマで授業が進行したそうです。村本さんは「彼女は、道徳の教師によって道徳を教えるための犠牲になった（中略）。それはもう一番非道徳な道徳の授業だ」と厳しく指摘しています。私たちはこうした事態に出会うたびに白け、脱力し無力感に襲われます。

しかし一方、差別や偏見を正していこう、平等や公平性をアタリマエにしていこうという動きが社会の中にあることも事実です。

アメリカでのアジア人差別に対して、グラミー歌手のリアーナはStop Asian Hate（ストップ・アジアン・ヘイト）と書いたプラカを掲げ抗議デモに参加し、世界的人気を誇るアイドルグループＢＴＳ（防弾少年団）は、声明「暴力を非難します」「私たちは人種差別に反対します」を発表しました（Buzz Feed News「見た目で嘲笑されることに耐えてきた」ＢＴＳ、アジア人ヘイトに声明、二〇二一年三月三〇日）。ナイキジャパンはＰＲ動画「動かし続ける。自分を。未来を。〝The Future Isn't Waiting.〟」を公開し、企業として差別問題にコミットしています。ナイキだけではありません。大手コンビニチェーンのファミリーマートもプライベートブランド（ＰＢ）のベージュの肌着などの「はだいろ」という表記を変更しました（東京新聞TOKYO Web「ファミマが『はだいろ』表記の下着を自主回収　社員らから『不適切な表現』」、二〇二一年三月二七日）。クレヨンの肌色という呼び方は一九九〇年代後半からなくなり、今はうすだいだい色とかペールオレンジと呼ばれるようになりました。そんな中で世界の様々な肌色を集めた肌色セットのクレヨンがイタリアで生まれています。花王は化粧品の「美白」の表記を取りやめ、スキンケア商品を手始めに今後、全てのブランドで美白の表現を使わないと発表しました（日本経済新聞、「花王、『美白』表現を撤廃　人種の多様性議論に配慮　化粧品で」、二〇二一年三月二七日）。

二〇二一年東京オリンピックとは違い、大手航空会社や東京ディズニーランドでは〝Ladies and Gentlemen〟のアナウンスを性の多様性を配慮した結果〝All passengers〟〝Hello Everyone〟などに変更しています。学校においては各地で「ジェンダーレス制服」の採用も増えています。私の勤務している大学でも、ジェンダーフリーの「誰でもトイレ」が設置されています。

大東文化大学（東京都板橋区）　誰でもトイレ（2021.6月）筆者撮影

「女性はおしるこ作り、男性は力仕事」という文書を出して地域行事参加を呼びかけた東京都の小学校は保護者の抗議によって学校側が訂正をするということも起きました（東京新聞TOKYO Web、二〇二一年四月三日）。選択的夫婦別姓に関する世論調査では「賛成」が七割を超えています（二〇二一年）。役所の届出や企業の履歴書にも性別（男女）名簿を見直す動きが出てきています。看護婦さん、保母さん、婦人警官などの呼び方は既に死語になっていると言っていいでしょう。「【まとめ】#BlackLivesMatter 人種差別に立ち向かうアイデア五選」にもたくさんの取り組みが紹介されています。[53]

「いやいや遅々とした動きだ」、「まだまだだ」と感じる人もいるとは思いますが、ゆっくりであっても世の中は着実に変わってきているとも思うのです。

これらの動きに共通することは「誰かが声をあげた」ことです。前出の村本さんは「無関心とは犠牲を見ないことだ」と言い、私たちの社会がおかしくなっていくのは、誰かを犠牲にしているにも関わらずそういう現実に目を向けない私たちの問題だと主張します。まったく同感です。犠牲になっている誰か、そしてそれに気付いた誰かが声をあげたからこそ変化が生まれたのです。

一方、私たちの社会のもう一つの問題は、「声をあげること」がよくないことだという空気が非常に根強いことです。ここにあげた事柄にも「言葉狩りだ」「息苦しい世の中になった」「何も言えない時代になった」などの反応をする人があとを断ちません。しかし、今まで述べてきたように、言葉は歴史的文脈を抜きにして語ってはいけません。

二〇一六年にアイドルグループがナチス風コスプレをしてユダヤ人団体をはじめとして内外から厳しい批判を受けたことがありました。それに対して、「謝罪しろとか言う前に、このデザインのどこがダメで、どう直せばオッケーなのか、丁寧に全世界に教えてほしい」という書き込みがありました。私が尊敬してやまない元自衛官で平和運動家の泥憲和さん（二〇一七年没）は、ＳＮＳでそれらの意見について次のように書きました。

うっさいわ、どこまでもここまでもあるかっ！迫害にあった人の気持ちになって自分で考えろ。他人の傷口に何グラムまでなら塩を塗りつけていいんですか〜と尋ねる間抜けがどこにいるか、タワケもの！（『泥憲和全集―行動する思想の記録―』かもがわ出版、二〇一六年、六〇七頁）

そして泥さんはこうも言います。

悲劇を防ぐには、時代のカナリアが必要です。誰も気づかないときに警告を発するカナリアです。気づいた者が勇気を出して声を上げる。これしかありません。仮に思い過ごしだったら、愚か者と言われて一生を棒に振るかもしれません。仮にその気づきが本物で、警告が功を奏して恐ろしい悲劇を未然に防げたとしましょう。すると起こるはずだったけど起こらなかった悲劇を防いだと誰が分かってくれるでしょうか。あんたの警告は杞憂（きゆう）だったねと、すまされてしまうでしょう。どっちにしても賞賛されることはありません（カナリアはほめられることがないのです）。

（53）https://ideasforgood.jp/black-lives-matter/（二〇二一年五月二三日アクセス）

とある危機が人々の大きな力で回避された時（それは戦争だけではありません、大小様々な問題です）、世の人は、大きな力の始まりが小さなカナリアの警告だったと気づかないかもしれません。誰か偉い人が手柄を独り占めするかもしれません。それでもいいじゃないですか、その時はカナリア同志、どこかでささやかに祝杯をあげたいですね。（二〇一六・一・一四）（同書六一〇頁）

泥さんは、カナリアは鳴いている。戦後私たちの社会には無数のカナリアが警鐘を鳴らし続け、今も無数の名も無いカナリアが声を上げている。その声は決して小さくない。この声がきっと世の中に届くことを信じていると言ったのです。

核兵器廃絶など平和運動の場で語られた有名な言葉に「私たちは微力であっても無力ではありません」があります。小さなカナリアは集まれば大きな力になります。私たち一人には一人分の力があるのです。

アメリカの政治学者エリカ・チェノウェスは「3・5％の人々が非暴力的な方法で『これは問題だ』『なんとかしないといけない』と本気で立ち上がると社会が大きく変わる」という3・5％ルールを提唱しています。たとえば、地球温暖化など気候変動に関することがニュースとして取り上げられていますが、スウェーデンのグレタ・トゥンベリさんの行動がきっかけです。彼女は一五歳の時にスウェーデンの国会前で一人「気候のための学校ストライキ」という看板かかげてデモ（座り込み）をしました。その姿が世界中に配信され、やがて国連でも演説しました[54]。そういうアクションを知った多くの人が地球温暖化について真剣に考えようという世論が作られてきたのだと思います。誇りある小さなカナリアとして鳴き続けることが必要ではないでしょうか。

この本は、ある意味後悔と自分への反省が動機となっています。今まで見てきたように、マイクロアグレッションは差別反対や人権の大切さを熱心に語る人であっても、気づきにくい性質を持っています。ヘイトスピーチに対抗報道を続けてきた角南圭祐さんは『ヘイトスピーチと対抗報道』（集英社新書、二〇二一年）の冒頭でこう書いています。

「今こそ全ての日本国民に問います」NHKの人気クイズ番組でお決まりのナレーションが入るたびにモヤモヤする。この番組を見ているのは、この国に住んでいるのは、国民だけじゃないのに。

そして「マイクロアグレッションの段階で食い止め、マイクロアグレッションをなくしていくこ

---

(54) 一六歳グレタ・トゥンベリさん温暖化対策で涙の訴え【全文】(https://www.youtube.com/watch?v=_y8JNG7S0bo)

とで、差別は防げるはずだ。偏見の段階でおかしいと気付けばいいのだ。偏見は誰でも持っている。学校や、社会や、読書などで学ぶことで偏見を少なくすることに役立つ」と述べています。私も本当にそう思います。学び、自分たちの認識をどんどんアップデートしていけばいいのです。そしてそれは本来とても楽しいこと（生き方）ではないでしょうか。

最後に、京都朝鮮学校襲撃事件の被害にあった当時の子どもたちが一〇年後の後輩に向けて書いた手紙の一部を紹介します（ＦＮＮプライムオンライン」〈二〇二〇年一月一三日〉「一〇年前のヘイトスピーチ　差別の言葉を投げつけられた子供たちが『一〇年後の後輩』に送る手紙(55)」）。

「あなたたちは孤独に戦っているのではなく、周りに助けてくれる人たちがいて、もちろん僕もいるよ」

「日本人に自分が通う学校のことを話すときすぐに『朝鮮学校』って言える？　堂々と言えるようになっていればなと思う」

「堂々としたらいい」

彼らの言葉を受け取るのは、日本に住む圧倒的多数の日本人でなければなりません。そのためにも日常に潜むマイクロアグレッションに敏感になる必要があります。なぜならそれこそが差別の下支えになっているからです。差別は私たちの心の内側にあり、社会のあちこちに巣食うやっかいなものですが、最初からそこにあったわけではありません。**人によって生み出されたものであれば、人の手で無くしていくこともできるはず**です。時間はかかるかもしれませんが、「あんな時代があったんだね」と未来の子どもたちが心から笑える日がきっと来ることを私は信じています。

この本を読んでくれたあなた！

時代のカナリアに。そして内にも外にもあるマイクロアグレッションを吹っ飛ばす仲間になってほしいと願っています。ともに。(56)

(55) https://www.fnn.jp/articles/-/24816（二〇二一年五月二九日アクセス）

(56)「ともに」は川崎で当事者として反差別運動の先頭に立つ崔江以子（チェ・カンイジャ）さんがメッセージの最後によく使われています。私も崔さんたちに連帯の意志をこめて結びの言葉としました。

あとがき

本書を書き進めるたびに、「ここは違う」「もう、古い」という箇所に気づき、前に進まないことが度々ありました。そして、数年後に読み直せば、もはや通用しない事柄や古臭い議論が記されていることに気づくことでしょう。それは私自身の力不足によるところが大きいわけですが、世の中の変化と進歩が著しいこともその理由です。とするならば、それはある意味とても喜ばしいことです。本書で何度も書きましたが、私たちの生き方はその都度アップデートしていけばいいし、そうしなければならないのでしょう。

アップデートの典型的な例があります。BLMに賛同し抗議の声を上げたで紹介したビリー・アイリッシュ（「BLMとヘイトスピーチ」一三三頁）ですが、彼女はかつて口にした差別発言に関して、次のように述べています。[57]

一三歳か一四歳の頃の私のビデオが出回っています。映像内で私は、当時はそうとは知りませんでしたが、アジア系コミュニティに対しての差別的な言葉を口にしています。自分が一度で

(57)「『あんな言葉を発した自分に吐き気がする』。ビリー・アイリッシュ、人種差別動画に対する謝罪文を公開」(SPUR.jp 二〇二一年六月二一日）(https://spur.hpplus.jp/culture/celebritynews/202106/23/FHZVk4g/)

もその言葉を口にしたことにがく然とし、恥ずかしく思い、吐き気を覚えます。この言葉は家族の誰も使ったことがなく、この曲以外で、この言葉を聞いたことはありません。私の発言が人を傷つけるものだったことについて、**私自身の無知や若かったということは、言い訳にはなりません**。このことについて、謝罪します。（概略）

ファンの多くは動画による謝罪を呼びかけていたようですが、ビリー・アイリッシュはあえて、長文で自身のインスタグラムで発表したのです。その結びは次のような素敵なものでした。

We all need to continue having conversations, listening and learning.
I hear you and I love you.
Thank you for taking the time to read this.

私たちみんなが、話し合い、お互いの話を聞き、学び続けていく必要があります。私はあなたたちの言葉に耳を傾けます。皆のことを愛しています。読んでくださって、ありがとう。

この若きシンガーの姿勢に学ぶところはとても大きいと思うのです。

ともあれ、本書で書ききれなかった課題がいくつもあります。

まず、「マイクロアグレッションを吹っ飛ばせ」という勇ましいタイトルに関してですが「そんなことが果たして出来るのか？」という読者のみなさんの疑問に答えられたのか？　という根本的なこと。そして、〝一人一人の心の持ち方が大切である〟というメッセージになっていないかという問題です。

「多様性」「ダイバーシティ」「多文化共生」という言葉もよく聞かれるようになりました。しかし、実態を見れば表層的（言葉だけ）に思えてしまうことが沢山あります。[58]「互いの違いを認め合おう」は心地よい言葉だし、そうでなければならないとも思うのですが、そこここにある差別を社会的制度によって解消していくアプローチがなければ単なる心がけ主義です。下手をすると「やさしい私たちが可哀想な人たちを助けてあげる」というパターナリズム[59]に陥ってしまいます。

また、それは「可哀想に見えなければ助けない」という排除の論理にもつながりやすいのです。《郷に入っては郷に従え》は日本のことわざですが、協調することの大切さを説きながら、意に添わない人（グループ）は自分たちに合わせるべき！　という意味を含んでいます。これらは同化主

（58）以下が参考になります。岩渕功一編著『多様性との対話―ダイバーシティ推進が見えなくするもの―』（青弓社、二〇二一年）

（59）強い立場にある者が弱い立場の者の意志に反して、弱い立場の者の利益になるという理由から、その行動に介入したり、干渉したりすることである。日本語では家父長主義、父権主義などと訳される。看護Roo!用語辞典（https://www.kango-roo.com/word/14115）

義と呼ばれ度々批判されてきましたが、その理屈は今なお、私たちの社会に住みついています。互いを認め合うとは「同じにすること（同化）」でも、違いによって起きている不利益を「人はそれぞれだから仕方ないとすること（容認）」でもなく、それぞれの「違い」を尊重しあう営みに他なりません。

本書で述べてきたように差別は心の内側に発生するものです。私たちはその心と向き合い、次々と生まれるそれらとたたかう必要があります。しかし誤解を恐れずに言えば、心のうちの〝差別や偏見〟を完全になくすことは出来なくても差別行為をしなければよいのです。私たちの心はそもそも弱く、ちょっとしたことで揺れ動きます。実は、差別を「のりこえる」、マイクロアグレッションを「吹っ飛ばせ」という意味は、**一人一人の心の持ち方を省みることを含めながら、「差別行為が力を持たない社会にしていくためにみんなで何かアクションを起こしませんか！」という呼びかけ**なのです。そのために何が差別であるのか、その根幹には何があるのか、それらがどんな負の影響を社会に与え続けてきたのかを知らなければ進めない、そんな思いでこの本を書きました。

日本社会の現状を見れば、世界人権宣言、人種差別撤廃条約、日本国憲法などに基づいた差別を禁止する法整備についても検討すべき時期にきていると思います。法整備は表現の自由とのトレードオフ（二律背反）という問題が生じます。法律で心の内側をしばることは出来ませんし、表現の自由は数ある人権の中でも非常に大切なものです。またヘイトスピーチの根幹には長年に渡って作り出されてきた東アジア諸国への蔑視感情、そして政治家によって煽動されている排外主義が横たわっています。よってヘイトスピーチを法的に規制しても根っ子にある排外主義をなんとかしない限り、もぐら叩きのようになってしまいます。火事に例えれば、火災の原因（根本）に働きかけ、2度と火災が起きないようにすることが大切なのです。

とは言うものの、火事はすでにあちこちに頻発（ひんぱつ）しています。燃え盛る炎の中で心身に火傷を負う人々があとを断ちません。根本に働きかけることは当然として、まず燃え盛る炎に水をかけ消火しなければならないのではないでしょうか。他者や特定のグループに所属する人たちを明らかに不当に扱う行為や行動をそのまま容認してしまう社会ではいけないと思うのです。ではどのように法整備をすればいいのか？　それらをめぐって様々に議論すべきことが沢山あります。本書では触れられなかった大きな課題です。

現実を見れば、差別問題が起きるたびに、「関係の方に不快な思いをさせてしまいました」「誤解を与える表現でした」など形だけの「謝罪」が横行しています。差別は単なる表現や心の問題として片付けるべきではありません。差別を生み出しているもの、差別を固定化・常態化している社会の非対称かつ権力的な構造を問うことが必要なのです。

そのための旅はまだまだ長く続きます。ＥＣＤ（ラッパー・二〇一八年没）は、「だってまだ始まったばっか二一世紀」と歌いました。たしかにそうです。ゴールは遠くに見えるかもしれませんが、それもそのはず、私たちはまだスタートを切ったばかりとも言えるのです。

本書は人権の歴史を紐解きながら、差別とは何か、その根源、どうやって乗り越えていけばいいのか、読者のみなさんと共に考えてきました。その鍵になるのがマイクロアグレッションだったわけです。最後にもう一度言います。

私たち一人一人の心に巣食うこのやっかいなものを撃ちながら、世界を変えるために、出来ることから始めていきませんか。

本書を差別・ヘイトスピーチに抗しつづけ、
いまなお空から見守ってくれている仲間たちに捧ぐ

ＥＣＤ
泥憲和
高橋直輝
岩淵進
三島タカユキ
日下部将之
（順不同）

参考文献

金友子「マイクロアグレッション概念の射程」生存学研究センター報告書［二四］堀江有里・山口真紀・大谷通高編『〈抵抗〉としてのフェミニズム』一〇五―一二三、二〇一六年三月
ぼうごなつこ『１００日で崩壊する政権コロナ禍日本、安倍政権の軌跡』（扶桑社、二〇二〇年）
同『１００日で収束しない日本のコロナ禍』（同、二〇二一年）
山本直英『セクシュアル・ライツ人類最後の人権』（明石書店、一九九七年）
河野哲也『道徳を問い直す―リベラリズムと教育のゆくえ―』、（ちくま新書、二〇一一年）
小林健治『差別語・不快語』（にんげん出版、二〇一六年）
渡辺雅之「学校内外における多文化共生教育に関する考察〜社会におけるDiversity（多様性）実現に向けての諸課題」『関係性の教育学』The Journal of Engaged Pedagogy Vol.15 関係性の教育学会 一五 二〇一六年
梁英聖『レイシズムとは何か』（ちくま新書、二〇二〇年）
渡辺雅之『いじめ・レイシズムを乗り越える「道徳」教育』（高文研二〇一四年）
江南紅舟『ライブSNS時代の中国：人・街・笑顔〜在中一〇年のすべて』（Kindle Edition、二〇二一年）
山口佑二郎『ネット右翼vs反差別カウンター』（モナド新書、二〇二一年）
山崎雅弘『歴史戦と思想戦―歴史問題の読み解き方―』（集英社新書、二〇一九年）

中村一成『ルポ　京都朝鮮学校襲撃事件――〈ヘイトクライム〉に抗して』（岩波書店、二〇一四年）
加藤直樹『九月、東京の路上で　一九二三年関東大震災ジェノサイドの残響』（ころから、二〇一四年）
新恵里「アメリカ合衆国におけるヘイトクライム規制法（Hate Crime Law）の動向と、日本の課題」、産大法学四八巻一・二号（二〇一五年一月）
加藤直樹『TRICKトリック「朝鮮人虐殺」をなかったことにしたい人たち』（ころから、二〇一九年）
レベッカ・ソルニット『説教したがる男たち』（左右社、二〇一八年）
斉藤章佳『男が痴漢になる理由』（イースト・プレス、二〇一七年）
山下敏雅・渡辺雅之『どうなってるんだろう？子どもの法律』（高文研、二〇一七年）
神奈川新聞「時代の正体」取材班『ヘイトデモをとめた街』（現代思潮新社、二〇一六年）
忍足謙朗『国連で学んだ修羅場のリーダーシップ』（文藝春秋、二〇一七年）
星野ルネ『まんがアフリカ少年が日本で育った結果』（毎日新聞出版社、二〇一八年）
森田ゆり『体罰と戦争』（かもがわ出版、二〇一九年）
金明秀『レイシャルハラスメントQ＆A』（解放出版社、二〇一八年）
角南圭祐『ヘイトスピーチと対抗報道』（集英社出版、二〇二一年）
泥憲和『泥憲和全集―行動する思想の記録―』（かもがわ出版、二〇一六年）
岩渕功一編著『多様性との対話―ダイバーシティ推進が見えなくするもの―』（青弓社、二〇二一年）

渡辺　雅之（わたなべ・まさゆき）

福島県生まれ。

埼玉県内で中学校教員として22年間勤務。

TBSドラマ「3年B組金八先生」で、いじめ問題に取り組んだ実践がそのままモデルとして取り上げられる。

国会前デモのリーガル（警備）やヘイトスピーチへの抗議（カウンター）、UDAC埼玉-投票率を上げる市民の会（代表）、埼玉朝鮮学校補助金再開を求める有志の会（共同代表）、などの社会運動に関わる。近年は、銀座No!Hate小店のレギュラー講師など人権問題や教育問題に関する講演活動で全国各地を飛び回っている。

現在、大東文化大学文学部教授（教職課程センター）、専門は生活指導、道徳教育、多文化共生教育。

〈著書〉

『いじめレイシズムを乗り越える「道徳教育」』（高文研）、『ヒューマンライツ―人権をめぐる旅へ』（ころから）、『道徳教育のベクトルを変える』（高文研）、『どうなってるんだろう？子どもの法律1,2』（高文研）など多数

マイクロアグレッションを吹っ飛ばせ
やさしく学ぶ人権の話

●二〇二一年一一月二〇日――――第一刷発行
●二〇二三年　四　月　一　日――――第二刷発行

著　者／渡辺　雅之

発行所／株式会社　高文研
東京都千代田区神田猿楽町二―一―八
三恵ビル（〒一〇一―〇〇六四）
電話03―3295―3415
https://www.koubunken.co.jp

印刷・製本／中央精版印刷株式会社

★万一、乱丁・落丁があったときは、送料当方負担でお取りかえいたします。

ISBN978-4-87498-775-9　C0036